早期教育，始于1958

七田真早教经典系列

七田真
情商教育法

【日】七田真　著／思可教育　译／马思延　审校

全国百佳图书出版单位

化学工业出版社

·北京·

图书在版编目（CIP）数据

七田真：情商教育法/[日]七田真著；思可教育译.—北京：化学工业出版社，2016.1 （2020.4重印）

（七田真早教经典系列）

ISBN 978-7-122-25802-1

Ⅰ.①七… Ⅱ.①七… ②思… Ⅲ.①情商-早期教育-家庭教育 Ⅳ.①G78

中国版本图书馆CIP数据核字（2015）第289151号

北京市版权局著作权合同登记号：01-2016-0168

责任编辑：杨晓璐 杨骏翼 装帧设计：尹琳琳
责任校对：宋 玮

出版发行：化学工业出版社（北京市东城区青年湖南街13号 邮政编码100011）
印 装：北京新华印刷有限公司
880mm×1230mm 1/32 印张6¼ 字数78千字 2020年4月北京第1版第14次印刷

购书咨询：010-64518888 售后服务：010-64518899
网 址：http://www.cip.com.cn
凡购买本书，如有缺损质量问题，本社销售中心负责调换。

定 价：36.00元

总序

2012 年 3 月，"七田真早教经典系列"顺利地与中国广大读者首次见面！3 年多来感谢大家对七田式教育的支持与认可。由于本套作品成书时间比较早，本次我们对内容进行了全面的审校、修订，力求与时俱进。

这里要感谢思可教育集团，感谢马思延先生，还要感谢非常"给力"的化学工业出版社！

在我很小的时候，父亲七田真就经常跟我讲他在中国的故事：他的出生地大石桥是怎样的地方，后来跟随做工程师的父亲移居大连、北京，直到 16 岁踏上日本国土时的情景。父亲热爱学习、喜欢钻研，中国文化博大精深，5000 年来的各种经典著作想必是他最佳的精神食粮。迄今在父亲故居中还可以看到他细心批注的《论语》、《大学》、《中庸》，在他留下的 200 多种作品里，也常常有中国传统文化的影子，甚至在他去世后留下的随笔中也有一篇名为"记忆中的北京"。可见，"中国"这两个字在父亲的一生中具有举足轻重的地位，如果他知道自己倾注毕生精力创办的"七田式教育"能够回到中国这片"故土"生根、发芽、开花、结果，我想他心中肯定会更加饱满、更加骄傲！

"七田真早教经典系列"能够在中国如此"隆重"地出版以及再版，也和七田真国际教育中心正式进入中国息息相关。2009 年年底我们授权思可教育为代理机构。2010 年 9 月 1 日中国首家教学中心，也是全球第 518 家中心，在深圳市正式开学。5 年来七田真国际教育在中华大地上不断开花结果，目前已经在深圳、北京、上海、昆明、广州等城市拥有全直营中心 12 家，也让我们的全球教学中心增加到了 557 家。

我们相信每一个孩子生来都有巨大潜能，这些潜能可以通过科学的方法开发出来，并保持下去，就像鲜花经过浇水、施肥、日光沐浴后终会绽放一样。而爱心是开发潜能的基础，宝宝只有在满满的爱心呵护之下才能有充分的自信，潜能也才可以无拘无束地发挥出来。就像土壤对鲜花一样，爱是孩子成长的基础；同时爱也是有原则、有方法的，决不等于溺爱。给予孩子爱的同时也要严格，要教育孩子学会忍耐。教育的目的不只是上一所好的小学、中学、大学，更重要的是培养孩子走入社会时必备的能力，培养他们的心灵。所以我们一直倡导的是，用爱、严格、信赖来培养全人格的宝宝。

本次出版的"七田真早教经典系列"共有6册：《七田真胎教法》、《七田真：0~6岁右脑教育法》、《七田真：爱与规则》、《七田真：培养优秀宝宝父母必上的7堂课》、《七田真：情商教育法》、《培养右脑思维的33个亲子游戏》，除了最后1本我自己的著书之外，其他5本都是在我父亲七田真留下的大量图书中精挑细选出来的，涵盖了七田式教育的主要内容。从胎儿期开始，从理论与实践两个角度指导父母如何与孩子建立良好亲子关系，如何在爱心的基础上培养心性美好，左右脑均衡发展的宝宝。我希望这套丛书能够帮助中国的家长在教育的路上找到正确的方向，体会到育儿的乐趣；

更加希望伴随着七田真国际教育在中国的发展，有越来越多的中国宝宝有机会接受以心灵教育为目的，重视宝宝综合素质的七田式教育！

七田　厚

七田教育研究所

2015 年 10 月 19 日

爱对情商的提升

随着时代的发展，育儿方法也在不断变化。我们在借鉴前人留传下来的育儿方法时，绝不能照抄照搬。

以我之见，与过去相比，如今培育孩子愈发困难。过去的孩子可以在自然环境中轻松愉快地成长，就连孩子之间的人际关系也远比现在丰富。现在的孩子很少有机会在自然环境中玩耍，比起与人接触，他们更热衷于看电视或是玩电子游戏，朋友之间的关系非常淡薄。与此同时，他们的大量时间都得用来应对考试，放学后的各类补习甚至会持续到深夜。他们要与朋友比成绩，所以相互之间很难做好朋友，更像是竞争对手。如今的孩子正陷入这样一种贫乏的人际关系怪圈中，逐渐呈现出集体情商低下的局面。

此外，公共教育环境的变化也不容忽视。教育专家在设计教育内容时过于偏重知识教育，这恰恰助长了自私自利价值观的滋生，使"成绩第一"的观念成为当前的主流思想，而体谅朋友、培养梦想、树立志向，以及以己身为社会做出贡献等内容几乎成为教学的盲点。

为了改变这种状况，需要引进宽松式教学模式，但此模式容易引发学习能效降低等问题。于是，教学模式的重点又转换为重视学习能效等方面。总之，问题层出不穷，让人穷于应对。

目前，全球教育的主流发生了巨大变化。很明显，当前的教学模式更注重培养孩子的自学能力、思考能力和灵活运用能力，过去一直沿袭下来的单纯填鸭式教育已经退出了历史舞台。然而，日本却逆主流而行，依旧沿用过去偏重于教授知识的"老师教、学生学"的方式，如此一来，孩子的心灵怎么可能成长得丰富多彩呢？

对于如此重要的子女教育问题，父母一定非常重视，但过去的传统教育标准几乎起不到任何作用。这就需要新的教育观、价值观，需要重新考虑幼儿期的育儿、心灵呵护、学习能效等有益于培养孩子的诸多课题。关注幼儿在情绪、情感、意志、面对挫折时的能力，即情商教育。

为了改善因目前盛行的自私自利价值观而导致的不甚融洽的人际关系，构筑充满关爱的社会，我们必须考虑一种新的教育方式，即情商教育。

培养孩子任重而道远，从孩子出生伊始，就得开始爱的教育。如何去赞美，如何去责备，如何去忍耐，如何去培养孩子的梦想，从而让孩子成为一个高情商的人。这些都是需要慢慢探索的，我们还要将培养梦想、道德教育、对社会的贡献融入到一个系列流程里。

因此，知识教育与理性教育固然不可缺少，但在此之外，一定要进行心灵教育、感性教育，让孩子学会体谅他人、与他人友善地相处。

关于应该怎样认识上述教育内容，本书将会结合实践来讲述。

下面，我先摘录两位正在使用"七田式学习法"来培育孩子的母亲的来信，简单介绍"七田式教育"中的部分内容。

前几天，女儿的小学老师在联络簿上这样写道："小T非常乖呢！对朋友也非常亲切，你们做家长的是如何培养出这种素质的孩子呢？真是了不起呀。"

说起"七田式教育"的特征，除了想象训练、右脑教育、背诵等环节，我认为最大的特征应该是亲子间爱的传递吧。"父母如果怀着一颗体谅他人的心来培养孩子，孩子就会变得懂事。"我以前完全不了解这种培养方法，是七田真教室的老师们把传达爱的具体方法教授给了我，也因此，我女儿才会成长为现在的样子。

七田真教室的老师们告诉我：不仅要注重智力方面，更要重视孩子的人格形成。我真的非常感谢他们，也会将他们的嘱咐铭记在心。

衷心期望孩子的脑力得到充分开发，有一天能为社会做出贡献，今后我还会继续努力培养好孩子的。

M.T（小学一年级／七田真教室学习第三年）

三年前，当有生理缺陷的T（次女）上幼儿园被拒绝后，我非常苦恼。也就是在那个时候，我了解到推崇心灵教育的七田真教室。当时，我们夫妻俩再三考虑，总觉得应该为孩子做点什么。女儿从那时开始进入七田真教室学习。

七田真教室很热情地接纳了我的孩子，我也在那里学到了如何向孩子传达爱，如何怀着尊重孩子的心情来培养她。同时，T通过七田真课程的学习，会做的事情越来越多，自信心大增。当初上幼儿园被拒绝的事早已被抛到九霄云外，她变得充满活力。

现在她每周都很期待去七田真教室上课，满脸笑容地进入教室，接受快乐的课程和老师们温柔的言语，然后心满意足地回家。每当我们问她："你最喜欢七田真教室课程中的哪个环节呀？"她总是回答："全都喜欢。"现在，女儿的梦想是"去法国成为一个真正的西点师"。

女儿能像现在这样一点点地向前走，对生活充满希望，与我本身心情的转变以及全家人专注的爱是分不开的。七田真教室的老师们，真的非常感谢你们。

T.I（小学三年级/脑性小儿麻痹/七田真教室学习第三年）

七田 真

目录

第 1 章　有爱的孩子情绪稳定，存在感强

目录

第2章　无论孩子个性如何，父母都要全盘接受

目录

第3章　让孩子从小拥有自己的理想和目标

第4章　情商培养21法

目录

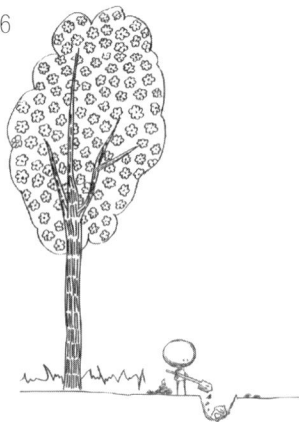

第5章 右脑教育偏重情商教育

第 1 章

有爱的孩子情绪稳定，存在感强

相对于传授知识和技能而言，育儿的基础是爱的传递。那么，应该如何向孩子传达爱呢？通过拥抱孩子，与其进行语言交流，可以产生"亲子一体感"。之后，孩子才会逐渐成长为情绪稳定且具有存在感的孩子。

唤醒生命

在未来的教育中，培养对人生抱有远大理想和志向的孩子，至关重要。这样的教育被称为"培育理想"的教育，我个人认为通过"心灵教育"可以实现这一理想。

"七田式教育"的一个重要关键词是"培育理想"，另外一个则是"心灵教育"（教育孩子有益于他人）。

我衷心希望通过推广这种教育模式，能够使当前这种不考虑救济弱者的社会不良风气得到改善，使孩子们能够茁壮成长，从而成为拥有理想与志向，能够领引日本未来、具有领导才能的杰出人才。

当今的教育强调效率、竞争，片面追求利益，在这种教育大环境下，我们只能说养育了孩子，根本谈不上发挥他们各自的个性。更甚者，由于偏重知识的价值观，让我们不得不面对一个现实——整个社会的生命体在发生退化并趋向变弱。

如果一味追求效率、追求战胜他人，只会导致人类社会陷入被束缚、利用和支配的泥沼。同时，随着管理的社会化在世界范围内逐渐深入，人们的生活开始两极分化。而由于 IT 的日新月异，商业得以迅猛发展，但社会中人性的淡薄却日益凸显，我深深感到，这其中存在着巨大的危机。

☆ "七田式教育" 是唤醒孩子灵魂的教育

育儿的基础是传递爱

在育儿方面最重要的是什么呢？是把孩子培养得更聪明吗？是把孩子培养得更健康吗？

当然，上述两个方面都很重要，但培养孩子苗壮成长的根本在于"构筑父母与孩子之间的纽带"，换句话说就是"亲子一体感"。父母和孩子之间心灵的深入沟通是非常重要的。通过建立"亲子一体感"，才能将孩子培养得聪明、苗壮、健康。

如果父母与孩子之间无法产生"亲子一体感"，那么无论父母多么努力，都很难将孩子培养得聪明伶俐。不仅如此，在育儿过程中，还会产生很多问题，其中包括孩子的健康。

总而言之，在教育、学习等各个方面，成功育儿与亲子之间心灵相通，以及拥有"亲子一体感"是密不可分的。

那么，如何培养父母与孩子的"亲子一体感"呢？

如果是初次养育孩子，大多数母亲都会产生很大的困感。刚开始大多都依赖育儿图书，但大部分育儿图书仅仅详细讲述照顾宝宝身体的方法，例如更换尿布、喂奶、抱婴儿等，基本上都忽略了对呵护心灵的重要性进行阐述。

培养"亲子一体感"最重要的方法是将婴儿紧紧抱在怀里，用饱含爱的语言与其交流。这种方式会一直持续此后数年，成为固定的育儿基础。在"七田式教育"中，它被总结为"满怀爱心、不厌其烦、勤于沟通、积极赞扬"，这四项心得简单明了地道出了育儿的关键。

满怀爱心的重要性相信大家都了然于胸，但具体应该怎样带着爱心培养孩子呢？估计不少人会感到困惑。

首先，我们需要了解从婴儿刚出生就应该实践的亲子接触方法。

在目前的分娩过程中，通常婴儿刚一出生就立刻与母亲分开，殊不知母亲在抱起婴儿并与其进行身体接触的时候，体内会分泌催产素、催乳激素等雌激素，与此同时，"母爱"这种神奇的力量会喷涌而出，母亲刹那间会爱上自己的孩子。相反，如果立刻将婴儿与母亲分开并送入新生儿室，母亲无法拥抱婴儿，根本无法体会那种分泌母性荷尔

蒙的感觉，这往往容易使母亲和孩子产生隔阂。

因此，在婴儿出生后，请母亲们紧紧拥抱襁褓里的小宝贝吧。那样，婴儿会感受到被母亲拥抱着的安心感觉。对于婴儿来说，这种安定感非常重要；而对于母亲而言，也可由此感受到和孩子之间的"母子一体感"。

之前并不注重拥抱孩子的父母，请从现在开始抱紧你的孩子吧。爱的传达永远都不会太迟，只要给予爱心，就一定会有成效。

☆培养"亲子一体感"和成功育儿紧密相关。

增加与孩子的肌肤接触

母亲对孩子的爱抚具有非常重要的意义。简而言之，母亲在爱抚孩子的同时，也可以触碰到孩子的心灵。

通过母亲的反复抚触，孩子的触觉会变得发达，进而在心理上获得深深的平静感，从而成长为情绪稳定的孩子。

抚触并非仅对婴儿有效，稍微大一点的孩子甚至成年人的情绪控制能力，也都受父母给予的照顾和爱抚的直接影响。

无论孩子成长到几岁，都会无意识地渴求父母的爱。

如果能充分回应这种无意识的心理，就可以很好地培育孩子。所以父母的爱不能仅仅藏在心中，那样的话，根本无法顺畅地传达给孩子。

紧紧地拥抱孩子非常重要，仅满怀爱意地与孩子相处是不够的，爱抚也是不可或缺的方式之一。因为爱是通过肌肤接触来传递的，有些孩子可能会让人感到生性孤僻或自闭，其实这是由于父母通过肌肤接触传递给孩子的爱仍

然不够而导致的。那么，让我们学习一下通过爱抚来挽救这种情形的方法吧。

《母原病》（SUNMARK 出版社出版）的作者久德重盛先生在书中这样讲道："在没有任何刺激的稳定状态下养育的婴幼儿，会出现发育严重迟缓或有自闭倾向。这些从医学角度来看，是非常危险的。在现实生活中，很多父母都认为和婴儿说话或逗弄婴儿等动作没有太大的实际意义，其实并非如此。'举高高'（大人把孩子反复举高的游戏）、'躲猫猫'（大人把脸一隐一现来逗孩子发笑的游戏）等大人与孩子之间的互动游戏，会给孩子带来非常良好的刺激，它是使孩子生气勃勃、感受父母关爱进而身心茁壮成长的最重要因素。"

有一种说法认为："孩子出生的目的就是被拥抱。"父母拥抱孩子或是通过肌肤接触传递爱，是育儿最基本的工作。

☆无论孩子成长到几岁，都会无意识地渴求父母的爱。

有自信的孩子更具有存在感

当母亲饱含着爱意来培育孩子时，孩子才会具有自主性和判断力，慢慢开始相信自己的能力和价值，即自信心开始形成。

自信心是因为从小得到父母的爱护、认可或赞赏而逐渐产生的。自信心是幸福育儿的关键，当孩子拥有了自信心，才能成长为具有存在感的孩子。

自信心也需要经历一个从小到大的成长过程。在培养自信心方面，需要注意以下三点：

第一，有针对性地培养孩子。在孩子成长的每个时期，父母都要仔细观察孩子的思想动态。

第二，父母要经常和孩子一起做游戏，实现肌肤接触。

第三，赞赏是增强自信心的重要条件。充分肯定孩子的言行，使孩子不断积累每一次的小小成功体验。

自信心的成长包含了"某些场合的自信心""较小领域的自信心""较大领域的自信心""全部场合的自信心"

四个阶段。

"某些场合的自信心"是在某一个具体的场合下，能够解决问题并由此获得成功感，进而被他人认可和赞赏所逐步形成的。例如，智力游戏完成得非常好所获得的自信。

"较小领域的自信心"是在具体的场合下解决问题，通过积累成功感而逐渐培养出来的。例如，除智力游戏之外，会使用剪刀、铅笔，能够读写文字等，在各种各样的小领域中培养自信心。这些自信心不断累积，就会逐渐形成在课业学习这类较大领域里的自信。

"较大领域的自信心"包括学习、运动、人际关系这三个领域，如果在其中任何一个领域都充满自信的话，就会发展为"全部场合的自信心"。

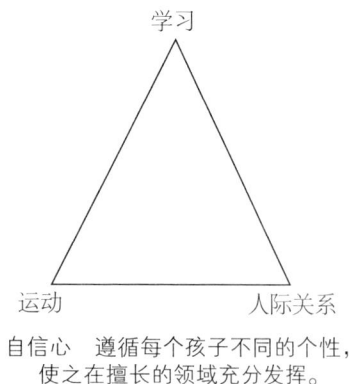

学习

运动　　　　　人际关系

自信心　遵循每个孩子不同的个性，
使之在擅长的领域充分发挥。

　　前面的三角形示意图展示了自信心的特征。正因为自信心存在于各个不同的领域中，所以我们希望孩子能够按照自己的个性来充分发挥。

　　综上所述，通过观察来确认孩子在某个领域是否有自信心，这非常重要。只有确认之后，才能根据孩子的具体情况来考虑具体对策。

　　☆自信心也需经历一个从小到大的成长过程。

孩子做得不够好时，父母应该如何应对

孩子拥有自信心也可以看成是关爱教育的关键。

那么，究竟应该如何培养孩子，才能使他（她）拥有自信心呢？

首先让我们来做一项简单的工作——对孩子做的事进行认可、赞赏。

如果经常把自己孩子和其他孩子进行比较的话，你可能会很容易自问道："为什么我的孩子就做不到呢？"这样就无法由衷地说出赞扬的话，因此，和其他孩子做比较是育儿的禁忌。

孩子都是按照各自个性成长的，所以不要把早一点迟一点看成是问题。即便是迟一点，只要能完成就可以。

孩子自己也会出现类似情况，意识到有的事其他孩子能做到，而自己却做不到，以为是自己没有能力进而丧失自信心。这时，一定要让孩子明白"只要花一些时间好好练习，是一定可以做到的"，帮助孩子恢复自信心。

如果孩子失败时任由他们认为那是自己没有能力而导致的，那么孩子将会因此丧失自信心。

对于任何一个孩子来说，有能完成的事情，也有不能完成的事情，也就是说，孩子既有优点又有缺点。因此，当看到孩子的缺点时，父母不应该责备，反而应该指出孩子的优点并鼓励他们："没关系，你有你的优点，无论谁都有擅长和不擅长的。即便现在无法完成，只要继续努力，相信总有一天你可以做到。"这一点非常重要。

能否获得存在感或是对于自己的能力有没有自信心，这对孩子的人际关系等社会性方面的发展也有很大影响。孩子的心理会因是否从父母那里获得爱而形成合群与孤僻这两种类型。

合群是指孩子充分沐浴着父母的爱而成长，对自己的存在充满自信，具有外向型的心理特征。最直接的表现是这种类型的孩子比较擅长和朋友建立良好的人际关系。

反之，孤僻是指孩子从出生后就没有充分享受到父母的爱，性格内向，把自己封闭在孤岛中无法与人融洽相处。

如果是被父母拥抱着成长的孩子，就会感觉到"自己

是被父母爱着的人，是值得被爱的人"，从而成长为有自信心的孩子。反之，如果成长过程中没有充分感受到爱的话，就会变成一个缺乏自信心的孩子。

自信的孩子可以放心地离开父母身边，和其他孩子聚在一起做游戏。但缺乏自信的孩子或没有感受到父母充分关爱的孩子，则会不断地想去感受被父母拥抱的感觉，根本无法离开父母，也无法与其他孩子一起做游戏。如果保持这种状态慢慢成长，将来他（她）会无法融入到社会中。

另外，当孩子遇到失败的时候，父母的处理方式也决定着孩子对自己处理问题能力的自信心。不要让一时的失败使孩子丧失自信心。

☆努力把孩子培养成为有存在感的孩子吧。

父母敞开心扉，孩子的心也会打开

接下来，让我们从大脑的角度来看一下"用爱培养，孩子就会拥有自信心"的原理。

人脑分为左脑和右脑，孩子的成长始于右脑。右脑是感性脑，又被称为图像脑，发挥着接收外源刺激和输入装置的作用。如果开发了右脑，可以使输入变得顺畅，并能将图像记忆运用自如。

与之相对应的，左脑被称为理性脑，它的作用是输出。接收外部刺激所形成的能力通过右脑传导给左脑，再通过左脑表现出来。下面我们以孩子学说话的过程为例来进一步说明。

有的孩子在语言能力方面有障碍，已经几岁了仍然不会说话。这是左脑有障碍的缘故。这些孩子的父母一心扑在如何让孩子开口说话的问题上，然而，因为这属于左脑教育，所以无论父母多么努力想让孩子开口说话，可是孩子的左脑从一开始就无法接收这些信息。

在这种情况下，不要一味地想让孩子开口说话，而是通过"父母不停地说，让孩子听"这种方式，向孩子的右脑输入信息。这时，右脑的输入才是最重要的。

想让大家明白的是：开启右脑状态，实际上是指父母和孩子都打各自开心灵之窗的状态。

虽然有些父母会对孩子做不到某件事而感到失望，或者对自己没有能力将孩子培养成才而自责、失望，但不能以"是否能做到"作为评判孩子的标准。

如果母亲觉得孩子在某些方面尚有欠缺，因此带着很大的压力来育儿的话，母亲的心就无法打开。与之相应的，孩子也会有很大的压力，这样一来，他们的右脑会无法发挥作用。

所以，不要觉得孩子在哪个方面都不如人，要坚信孩子与生俱来的能力。慢慢地放松精神，敞开心扉，那样的话，孩子也必定会打开自己的心灵之窗，这便是所谓的"母子心灵一体"。

☆父母敞开心扉，孩子的心也会打开。

让父母与孩子心灵相通的方法

如果通过爱的教育达到心灵相通的话，无论哪一个孩子，其右脑都能得到开发。借助右脑的突出作用，他们都能够转变为"无所不能"的孩子。要知道，每个孩子都适用于右脑开发模式。对待孩子，我们首先要传达爱，使之心灵打开；接着要进行右脑训练，向其右脑输入信息，这样就可以帮助孩子开发右脑。

母亲们，请不要拼命想着改变孩子，为什么不试着先改变自己呢？改变了自己，孩子也自然会随之改变。

下面我们来看一个实例。

小Y是被学校教育委员会认为"无法进入普通班级学习"的孩子。

虽然接受了右脑教育，但因为小Y的母亲觉得自己的孩子是有缺陷的儿童，所以对其不抱任何希望。同时，对于接受右脑训练后孩子能有多大改变，也没有任何期待，每天都非常消极。直到有一天，她听到另外一个孩子母亲

的一段谈话。

那个母亲正怀着第三个孩子，仍在工作。她说："我白天总是很忙，每天的日常琐事都像是追着我在跑，根本没有时间和孩子好好地面对面相处。所以我每天早上都抽出时间和孩子一起散步，利用这段时间和孩子进行交流、沟通。"

听到这话，小 Y 的母亲非常吃惊。

"我只有一个孩子啊！而且我没有外出工作。如果想找时间和孩子交流的话，随时都可以，可我却把与孩子交流当做非常困难的事情，一直都没有去做。"

经过深深的反省，一股巨大的勇气油然而生。自此之后，她经常拥抱小 Y，开始了"忽视孩子的负面因素，努力传达爱"的尝试。

仅仅过去 3 个月，小 Y 的情况竟然神奇般地变得稳定了，甚至可以和其他孩子一起上普通班级的课程。

小 Y 的母亲这样说："这绝对不是孩子的变化，真正发生变化的是我。过去我确实是神经太紧张了，现在我只是听从并按照老师们的各种建议执行而已。仔细想想，正因为我相信，只要严格按照老师所建议的做就肯定会有好的结果，反而使我自己的心情轻松了不少。"

小 Y 的母亲正因为尽量地认可孩子，所以逐渐成为被他人赞赏而且笑容灿烂的母亲。母亲有了这样的变化，即便是稍显迟钝的孩子也将彻底改变。

☆忽视孩子的负面因素，努力传达爱。

父母越关爱，孩子的情绪越稳定

孩子随着逐渐成长，会尝试脱离父母的庇护，走自己的路。但在小的时候，孩子仍需要父母的帮助。依据父母日常生活中给予的刺激、创造的环境、言传身教、待人接物的方式，孩子自己会不断地进行自我锻炼而成长。

正因为有父母所给予的刺激，孩子的脑细胞会按照刺激形成相应的工作回路。

哈佛大学的 T.N. 威塞尔和 D.H. 休伯尔，凭借对孩子脑细胞发育的重要发现获得了诺贝尔生理学 / 医学奖。

他们的重要发现主要有如下两方面内容：

一、感官所获得的体验，能够对教会脑细胞如何工作发挥重要作用。

二、一旦过了幼儿期，脑细胞就会失去"学习"这项功能。

孩子的大脑会按照父母给予的刺激来形成自己的作用模式，也就是说，孩子大脑的作用模式是父母和孩子互动的结果。如果将孩子弃之不管，那么孩子不得不自己学习。而自学如果能顺利进行则没有问题，但大多数时候都是以失败告终。

罗纳德·柯图拉克（RonaldKotulak）先生专门从事"孩子走上犯罪道路的原因"课题的研究，他发现，抑制青少年犯罪要从脑部发育的关键时期（3岁之前）着手。3岁之前能从父母身上获得充分关爱并成长起来的孩子，之后即便遭遇恶劣的环境，也会养成不沮丧的良好人格。

育儿的关键仍然在于父母和孩子之间的心灵纽带。得到父母充分关爱而成长起来的孩子，会成为有存在感的孩子。反之，被父母忽视、得不到关爱的孩子，则根本无法发现自己的价值，无法获得存在感。由于没有存在感，孩子会放任自己，并逐渐自我否定，认为自己存在与否无关紧要，自我感觉像透明人一样。

☆孩子从父母那里得到充分关爱，就会拥有存在感，情绪会变得稳定。

孩子很多问题行为，都是在刷存在感

孩子只有得到父母的疼爱和尊重，才会成长为自信且具有存在感的孩子。如果父母没能很好地传达爱，孩子会感觉到被父母忽视、放任，其心理就无法健康成长，很容易做出伤害他人甚至反社会的事情。

这是因为，在育儿过程中爱和共鸣非常重要。

在育儿过程中，如果父母向孩子传达爱，认真体会孩子的心情，疼爱孩子，那么孩子的心灵就会健康成长，敬爱父母，友善他人，从而避免出现反社会的行为。

电视、报纸上经常会报道一些青少年犯罪的事件，仔细研究那些案件不难发现，其中大部分都是心灵受过严重创伤的孩子所为。那些孩子从来没有感受到父母的爱，大多对父母都持有否定，甚至憎恨、仇视的态度。在他们的成长过程中，从未感受到父母的爱，他们的心理逐渐变得扭曲。

孩子所有的问题或行为，都是在潜意识里渴求父母爱的一种无意识表现。

对于孩子的身心成长而言，父母可以说是最重要的存在。父母从心底里对自己的孩子流露出爱，并认可、赞赏孩子，他们就绝对不会产生心理扭曲。

其中，父爱对于孩子的心灵教育更是至关重要，特别是在孩子情绪方面的发育上。如果父亲能仔细掌握孩子的心理动态，帮助孩子解决遇到的问题，不但孩子在学校的成绩会越来越好，在生活中也会富于团队合作精神。反之，如果父亲遇到事情只知道严厉批评，或是从来不管家庭事务，那么，与孩子的心灵就会愈加疏远，甚至有可能造成非常恶劣的后果。

在单亲（仅有母亲）家庭中，孩子无法从父亲那里获得精神上的支持。但是，因为孩子在本性上具有"利他性"，他们会通过与他人的共鸣来获得存在感。所以当其他孩子遇到困难时，他们会自然而然地给予帮助。

这种本质上的"善"的品质，并非双亲家庭的孩子才能拥有。

无论是仅有父亲还是仅有母亲的单亲家庭，这种"善"

的品质都能得到发挥。反之，即便是双亲俱全，如果父亲完全不关心培养孩子或从不过问家庭事务，孩子在成长中就比较容易发生心理扭曲。

仅有父亲或仅有母亲的单亲家庭培养出优秀孩子的例子也很多，如果父母能够充分传达爱，倾听孩子的意见，和孩子产生共鸣，那么，即便是单亲家庭也能培养出高情商的孩子。

综上所述，父母传递给孩子充分关爱，倾听孩子的心声，和孩子产生共鸣，这些是非常必要的。

☆孩子的所有问题行为，都是在渴求父母的爱。

教孩子"爱"的同时，不要忘了"敬"

孟子曰："爱而不敬，兽畜之也。"只是爱而不恭敬，那就如动物一样，不是对待人的方式。

这种"敬"之心，在育儿过程中已经消失了。如果没有了"敬"之心，就会仅满足物质上的需求，丧失人性，陷入人心不稳的境地。

这样的育儿方式往往会使孩子无法拥有"敬"之心，进而连自己的父母也视为陌路人。

反过来说，如果在家庭中存在"敬"之心，孩子的灵魂会非常纯洁，也会形成纯朴的道德心。

"爱"与"敬"都很重要。对于孩子而言，最好把母亲当做"爱"的对象，把父亲当做"敬"的对象。

在家庭教育中，最重要的是一家人都存有"敬"之心。在孩子把父亲视为"敬"之对象的同时，孩子也希望能得到父亲的尊敬、重视。无论任何人都希望能获得他人的认可，孩子也不例外；并且，相对于母亲来说，孩子更希望

得到父亲的关注。

父亲应该尽量成为被尊敬的人。父亲下班回家之后，不应首先和妻子打招呼，而是应该先对孩子说"我回来了"。那样的话，孩子就会觉得"父亲回家首先会和我打招呼"，进而产生对父亲的"爱"和"敬"。

父亲如果参与到育儿活动中来，将会事半功倍。大多数的不良少年都是由于父亲没有尽到应尽的义务而犯错的，所以父亲参与到育儿活动中可以防止孩子在成长过程里步入歧途。

孩子通过父亲的"尊重"会感觉到自己的重要性，同时才会尊重他人，养成体谅他人的习惯，并时刻记得控制自己的任性情绪。

此外，母亲也要让孩子感觉到自己对父亲的"敬"之心。

现在的日本，父亲在家庭中的存在感非常弱。为了加强父亲的存在感，母亲必须表现出对父亲的"敬"，在这样的家庭环境里，亲子关系一定会非常好。

亲子关系不好的家庭，一般都是因为母亲不尊重父亲，甚至向孩子说父亲的坏话，这是破坏家庭和谐的元凶。如果母亲每天都感觉父亲不够称职，并戴着"有色眼镜"看待父亲的话，家庭关系就会不和谐，这也是造成孩子成为不良少年的原因。

☆父亲如果参与到育儿活动中来，将会事半功倍。

父亲参与育儿，更利于培养孩子生存能力和思考能力

虽然目前的家庭教育一般由母亲来实施，但父亲的参与也非常重要。

精神病理学家、精神分析学家等权威人士的分析表明，父亲不参与家庭教育是导致孩子患神经官能症、感觉统合失调症、情感冷漠症等的重要原因。

《恶的民主主义》（青春出版社出版）作者小室直树博士曾说过："父亲缺失的社会会产生反常状态。""反常状态"也就是"无联系"，父亲和孩子的心灵联系被切断。

小室博士还认为：

"孩子杀死父母或是父母杀死孩子，这些现象的原因就是社会的反常状态。"

"父亲权威的丧失会产生反常状态，而反常状态正是家庭暴力的元凶。"

如果家庭中出现这种情况，那么孩子的生存能力、思考能力等都无法得到很好培养。

　　父亲参与到育儿活动中，会使孩子的心情变得稳定，进而能培养出具有生存能力和思考能力的孩子。如果撇开父亲参与的作用，空谈培养孩子的生存能力和思考能力是毫无意义的。

　　但是，即使父亲参与到育儿活动中，也不能过度干预。

　　如果父亲只注重学习成绩，无视孩子的心情，那么父子关系反而会恶化。

　　要求父亲做到的是：帮助、支持母亲的育儿活动，与孩子进行直接的心灵沟通。

　　☆父亲给予孩子生存能力。

让孩子拥有感谢自然之心

人类在本质上都有追求"自由""爱""幸福"的心理，但我们要教育孩子，不只自己想追求这些，其他人也同样拥有这样的想法。这便是感性教育。

我们还要让孩子放眼自然环境。大自然是人类赖以生存的环境，所以一定要培养孩子对自然的感恩之心。要让他们明白，如果不重视自然，单纯追求人类的生活便利，会造成环境破坏愈演愈烈，人类将亲手毁掉自己的家园。此外，要告诉孩子：所谓感性，并非仅指对人类自身的爱，更要包含对人类以外的生命的爱。

相信大家都知道那个为了保护黑熊居住的森林而发出倡议的中学生吧。1992 年兵库县的一个女中学生曾朗读了一段关于人类破坏环境导致黑熊濒临灭绝的报道。报道中记载，黑熊失去了捕食场地，腹内饥饿难耐，不得不从森林中跑到附近村庄来觅食，却被当做危险野兽射杀。为了挽救濒临灭绝的黑熊，在这个女学生的倡导下，很多中学生都参与了保护黑熊的活动。

他们齐心协力为保护环境、恢复黑熊可栖息的自然环境开展各种活动，并且自发组织成立了自然保护集会，直接向兵库县知事上诉要求禁止狩猎黑熊。

后来，环境厅长官宣布，禁止在兵库县境内狩猎黑熊。大家众志一心地把目标转向帮助黑熊。不仅如此，原本那些中学生里有一些不良少年，曾经喜欢欺负同学或逃学，可是自从参加了这项活动，他们都变成了好孩子，满腔热情地为达成目标而努力。通过开展活动，他们学到了很多东西，并为实现自己的理想而继续进行更大规模的活动。通过此事，大家的心灵都得到了磨炼与成长。

这个案例告诉我们，大家怀有共同的理想、目标，并为之努力的重要性。按照现在的教育模式，父母只重视教授课本上的学问和知识，忽略了孩子在自然中学习的重要性，这样下去，是培养不出优秀孩子的。

☆让孩子知道实现共同理想的重要性。

父母与孩子共同体验大自然

　　下面我要讲一个例子，是一个孩子在亲身体验大自然的过程中，学习并利用知识来解决困难的故事。

　　应该说，所有的孩子都对小鸟的一生或植物的整个生长周期感兴趣，但非常遗憾的是，孩子与自然亲密接触的机会太少了。

　　19世纪德国的牧师卡尔·威特（Karl Witte）就是在和自己的孩子一起接触自然时，教授给他们很多的知识。

　　例如，看到鸟儿，就会告诉孩子鸟爸爸和鸟妈妈是如何照顾小鸟的，以及鸟儿吃对树木有害的虫子，它对人类有很大的益处等。他会一边散步一边和孩子谈话，告诉孩子在冬天看上去已经枯死的树木到了春天，会重新焕发生机；或者昆虫经过冬眠之后会醒来；或者草的芽与种子是如何生长的。

　　通过这些，他的孩子学到了植物学、昆虫学、鸟类学、生物学等广泛的知识。他的一个儿子后来还成为著名的学者。

斯特娜夫人（Mrs.Stoner）也采用卡尔·威特的方法教育自己的女儿。她告诉女儿，马铃薯和番茄是同类，同属茄科植物，这使得女儿的想象力得到很大激发，并就其中的不同之处写出了非常有趣的植物故事。

另外，她还让女儿养成写日记的习惯，所写的学习日记涉及各个领域，随时把她感兴趣的事情记录下来。她女儿曾写过非常有趣的《小麦一生的故事》，讲述了一粒小麦从发芽到被做成面包，后来又被一个非常可爱的小女孩吃掉，最终变成小女孩的故事。

当她教女儿在显微镜下仔细观察采摘的花瓣，并把它制作成干花瓣的植物标本时，女儿不仅对制作植物标本显示出极大兴趣，而且对研究植物之间的关系也产生了很大兴趣。她不仅收藏从各种土地上采摘的干花瓣，还用在伟人墓地、名胜古迹采摘的花来制作非常漂亮的干花册。

另外，虽然她女儿从小就很讨厌毛毛虫，但当她告诉女儿这个看着丑陋的虫子将会变成美丽的蝴蝶后，女儿对毛毛虫的态度就大为转变，即使看到毛毛虫也绝对不会去踩踏。此外，当得知蚂蚁的生活方式后，还写了很多关于

蚂蚁的故事。在她的教育下，女儿懂得了在自然界有可以成为人类朋友的生物；同时，也有只能成为敌人的生物，对于那些靠近它们就会被攻击的生物，最好还是不要接近。

我认为，所有的家长都要像卡尔·威特和斯特娜夫人那样，尽可能地给予孩子丰富的生活体验。

需要特别注意的是，此类实际体验不需要太多，只要优质即可。与让孩子单纯通过书本学习知识的左脑式学习相比，通过日常生活中的体验来切身感受更显得重要。

也正是知识与自然界的结合，使得学过的理论变得更加真实。如果把这种体验和创造活动联系到一起，孩子就会养成更加深入的观察力、集中力与表现力。

☆去大自然中，亲子一边沟通一边学习。

亲子共同学习如何生活

目前，有些国家采取了一种新的育儿方式——父母与孩子共同生活、共同学习，并就应该如何生活的问题，一起寻找人生答案，其中最为典型的国家是在 OECD（经济合作与发展组织）2003 年度国际学生评估项目中综合排名第一名的芬兰。在芬兰，孩子在学校的学习时间比日本的还少，实行的是宽松式教育。那么，芬兰为什么能够培养出世界上学习效果第一的孩子呢？这都要归功于出色的家庭教育。

芬兰的公司上班时间通常是早晨 8 点到下午 4 点，一般下午 4 点半左右父母都会回家陪孩子，全家人一起度过的时间比较长。

在芬兰没有补习班。孩子在家里的大部分时间都用来看电视和读书。在芬兰的电视节目中，国外频道非常多，孩子们一般都是一边听父母解说，一边看电视。即使在看电视时，父母和孩子也能进行最大限度的沟通。

在家庭中的读书时间比较多，也是芬兰的一大特色。芬兰人对于读书的热衷程度和阅读量，在世界上都名列前茅。在这里，最常见的是以下情形：晚饭后，父母会花大量时间读书并与孩子交谈，和孩子一起学习。如此大量的阅读和亲子间的对话，不仅可以培养孩子的心灵，还可以提高孩子的学习效果。

另外，在学校里，芬兰的孩子也是自己收集信息记录到本子上。学校几乎没有按照教科书来教授的课程，这个记录本就是教材。这种教育的原则要求知识点必须都是自己总结的，所培养出的不是等待指示的人，而是拥有自己学习、自己思考的良好习惯的人。

以芬兰为代表的教育并非单纯教授知识，而是教授一种不管在学校还是毕业后都能切实有用的学习方法。

学校教育应该考虑的是，孩子在走进社会后的漫长人生里应该如何度过，即培养孩子的明天。学校的教育方针也应该由统一化教育向个性化教育转变。

在日本教育界，改革现行教育制度的呼声也很高。原因在于，越来越多的学生不愿去学校而是待在家里，成为啃老族，他们的学习成绩跟不上，而且还不懂如何参与、融入社会。家长难道不应该把关注点转向这些问题，和孩子一起探讨吗？

经常听到这样的评论："日本的孩子即使是读到大学，还是不知道自己以后想干什么，想从事什么样的职业。"这便是一味重视填鸭式教育的失败之处。

那么，应该怎样才能解决这个问题呢？这就需要亲子一起找寻人生的答案，解决应该如何生活的问题。让我们一起探索亲子共同学习这种方法的重要意义吧！

☆亲子一起找寻人生的答案，共同学习。

第2章

无论孩子个性如何，父母都要全盘接受

无论孩子的个性如何，父母都要开心地接纳孩子，这一点非常重要，这关系到孩子的情绪。父母应该了解孩子的个性，结合其个性来判断孩子适合发展的方向，帮助他们个性化地成长。但这并非是让父母随心所欲地培养孩子，父母最好还是要以孩子能充分驾驭自己的心性为培养目标。而能否驾驭自己的心性与对他人的体谅密切相关。

如果做到这些，就能让孩子最大限度地发挥自己的个性，竭尽全力帮助他人；同时，也能磨炼自己的心智，进而达到人性的"开花结果"。

相对于智商教育，孩子更需要情商教育

培养孩子智力的 IQ 教育（智商教育）和培养孩子心灵的 EQ 教育（情商教育）是育儿的两大主要内容，它们与右脑教育和左脑教育有一定的关联。目前，有关人士已经逐渐开始呼吁情商教育的重要性。情商教育的时代即将到来。

情商教育的关键在于父母是否拥有"心理智力"，即：能理解孩子的心情，和孩子产生共鸣，安慰、引导孩子。父母拥有这种"心理智力"，并且在尊重孩子的前提下培养孩子，这便是情商教育。

如果不了解这一理论，采取与此完全相反的方法教育孩子，那么孩子的心灵会受到严重伤害，从而造成心理扭曲，心智的成长也会停滞不前，最终有可能导致父母和孩子之间的心灵纽带被切断。此处所说的伤害孩子的教育方法具体是指：严厉地批评孩子，令孩子有耻辱的感觉；戏弄孩子，令孩子失去自信（降低自我评价）等。

在日常生活中，一般家庭的父母都会偶尔使用以上的一些教育方法。虽说没有恶意，但类似情况却层出不穷。例如，家长之间经常会讨论："我家孩子一刻都无法安静。"于是就总是训斥孩子"别再做那么幼稚的事"。其实，如果父母能够真正体会孩子的心情，就不会轻易说出如此轻视自己孩子的话了。另外，随意给孩子"贴标签"的父母也为数不少。很多父母经常对孩子说"你又做错事了""太粗心大意了"这样的话。在这里，必须提醒各位父母，这样做是有百害而无一利的。"贴标签"会导致孩子无法把自己的心情传达给父母，如无法开口解释"为什么那样做""理由是什么"等等。那样的话，从孩子层面来看，他们已经无法与父母进行沟通了，更何谈父母与孩子的沟通呢？

"忽视孩子、否定孩子、放任孩子"，被称为是情商教育的三大负面因素。在情商教育中，最重要的是成为可以了解孩子心情的父母。

☆不要忽视孩子，要了解孩子的心情。

情商教育"五个步骤"

在实施孩子的心灵教育时，不妨按照下面的五个步骤来进行，这样不但可以完成情商教育，也能建立良好的亲子关系。

一、注意孩子的心情。

二、在孩子情绪不稳定的时候，抓住时机接近孩子，进而教育孩子。

三、认真体会孩子诉说的内容，充分认可孩子此时内心的感情。

四、分析孩子体会到的感情特征，将其置换成语言告诉孩子。

五、与孩子共同思考、共同解决目前面临的问题。

父母只要按照这"五个步骤"来育儿，孩子就能成长为心灵敏慧的人。即便在生活中遇到困难，也能控制自己的悲伤、愤怒等情绪，排除万难，勇往直前。

在育儿中有所谓的"两个毒瘤"：其一是父母设定成

长的具体标准，并以此来要求孩子；其二则是拿自己的孩子和其他孩子做比较。

不设定孩子的成长标准，不拿自己的孩子和其他孩子做比较，接受孩子最自然的状态，这在育儿过程中至关重要。何谓"接受孩子最自然的状态"呢？即：要能达到像孩子刚出生时父母的那番心情，感觉到"只要有你，我就是幸福的"。

每个孩子的成长必然是不同的，有身心成长较快的孩子，必然会有身心成长较慢的孩子。

我们应该把目光投向培养孩子的本性，信任孩子的内在品质。父母只要做到向孩子传达爱，快乐地与孩子进行心灵沟通，孩子一定会茁壮成长。成功育儿的关键不在于过度关注孩子的学习能力，而在于重视孩子的内心成长。而孩子的内心成长主要依赖父母的爱。

☆接受孩子最自然的状态。

打破"擅长模仿，拙于创造"的教育模式

日本教育现在正朝向注重孩子的个性和愿望的教育方式转变，逐渐脱离了以往的具体框架，以及强调"只能这样做"的统一化教育或管理式教育。

目前，私立学校日益增多，这些私立学校不重视智力、成绩及偏差值，而是注重孩子的个性化发展，倾向于培养孩子独立思考的能力。与此同时，针对是否应该否定注重偏差值的智商教育，以及迄今为止大家一致认可的标准是否合理等问题，在教育工作者中也引起了广泛讨论。

各大企业的招聘人员普遍认为："我们不需要'手册人'（没有自己独立思想的人）。我们需要能够独立思考、具有独创性想法的人；我们不需要那种只能完成上司交代的任务，却没有任何自己意见的人。"

但实际上，在以往教育模式中成长起来的大多数人都具有同样的特征，即：如果没有指导手册，自己的思路会一片空白。

要想打破现状，只能革新目前的教育。

日本从明治时代开始就一直实行统一化教育，所以大部分日本人已经习惯了这一方式，导致大家都具有固定化的思考模式，诸如不思考"为什么"，而是完全按照所学去做；擅长模仿，但拙于创造，等等，这些特点逐渐渗入到日本国民性之中了。

话虽如此，但也无须太过悲观。如今，一种新的观点在日本教育工作者中悄悄地蔓延开来，这就是"着力发展孩子个性的教育"。我们可以由此看出，其实教育观一直在不断地发生变化。

一直以来，在传统认识里，"孩子的能力或才能都是遗传父母的，自己没有办法改变什么"，所以人们觉得能力是天生的，是遗传基因在起作用而无法改变，这是典型的宿命论。可是，根据最近的研究发现，基因的作用随着心理状态、环境、刺激的改变，会有"ON"（打开）或"OFF"（关闭）的状态变化。

"当今的教育限制了基因的作用"，这种呼声日渐高涨，而偏差值教育则是其中最甚者。在偏差值教育中，可

以通过偏差值来判断一个人的能力，这会限制个人能力的发展。

事实上，每个人的基因信息都不同。如果孩子接受完全相同的教育——统一化教育，那么只能调动出孩子本身所具有的一部分能力，这完全背离了基因应有的状态。因此，"单从基因的角度来考虑，目前的教育模式也是不合理的，应该更注重孩子个性的培养。"

在基因的作用中，有"ON"和"OFF"两种状态。其中，处于可使用状态的基因被视为"ON"状态，而处于不可使用状态的基因则被视为"OFF"状态。此处的"ON"或"OFF"状态与人的思想有紧密联系。每当人有正面想法的时候，基因就会被激活；反之，出现负面想法的时候，基因就无法被有效激活。

目前理论界普遍认为，在基因的作用方面尚具有无限的可能性，应该使个性的基因一直处于"ON"的状态。

而如何使之一直处于"ON"的状态呢？关键在于通过正面想法来激活基因。

可是在制约基因作用的当今教育模式下，很难真正培养出孩子的自由想法。即便孩子描绘出一个梦想，也会立刻被浇一盆冷水，被告知那是不可能的。孩子的希望或梦想就这样被扼杀在摇篮中了。

想让基因一直处于"ON"的状态，重点不在于单纯教授孩子知识，而需要重视培养孩子的心灵，磨炼孩子的心智。我认为这种新的教育观正在逐步被普及。

孩子应该具有的品质有很多，比如不以自我为中心，亲切待人，勇于助人等。此外，孩子还要明白现在所学的东西在长大后能有益于社会，并为社会做出贡献等。如果每个人都能接受新的教育观，那么人们将会逐渐意识到：重视培养孩子的梦想和志向的心灵教育是何等重要！

一定要让孩子们拥有梦想和志向。为了实现这个目标，我们何不尝试心灵教育方式？磨炼孩子的个性，培养孩子的梦想和志向，使之将来为社会做出贡献。

☆激活基因的作用以培养孩子的个性，这非常重要。

右脑教育让孩子更有创造力

如何发现孩子的才能和能力？如何使孩子最大程度地发挥自己的才能和能力？

人的才能并非仅仅停留在能使用 IQ 衡量的语言性能力，其实，每个人都拥有自己独特的能力。现行教育一直都认为智力是通过 IQ 来体现的，但哈佛大学心理学教授霍华德·加德纳（Howard Gardner）提出的"多重智力理论"认为，人类拥有很多种智力，个体的人有可能擅长其中的某些方面，而不擅长另一些方面。

加德纳认为：除语言智力外，人类还拥有逻辑—数理智力、视觉—空间智力、音乐—节奏智力、身体—动觉智力、交往—交流智力、自知—自省智力，以及自然观察智力这七个方面的智力。

仅仅通过学校考试，根本无法完全衡量以上八个方面的智力。根据加德纳的理论，可以保障人际关系顺畅进行的交往—交流智力的重要性，丝毫不逊色于语言智力，而且自知—自省智力和自然观察智力也处于同等重要的位置。

现在，大家应该知道一直以来社会所重视的 IQ 及偏差值教育是多么落后了吧。在加德纳看来，注重孩子的能力才是最具建设性的。

托马斯·G. 韦斯特（Thomas G.West）的著作《天才们都曾厌恶学校》讲述了法拉第、麦克斯韦、爱因斯坦等天才在孩提时代都曾厌恶学校，主要原因都是他们在语言方面比普通孩子发育迟缓。

另外，书中还谈道："这些天才在左脑的语言性思考回路方面较为迟缓，但在右脑的图像性思考回路方面则表现突出，所以今后的学校教育应该注重视觉性思考回路（即图像性思考回路）的培养。"

毫无疑问，图像性思考回路的培养即右脑教育。因此，今后的教育重点并非左脑教育，而应该是右脑教育。父母们必须深刻认识到右脑教育的重要性。

右脑教育会最大限度地开发孩子的"脑力"，在前文所述的八种智力方面都能发挥很好的作用。左脑教育仅在

语言智力回路和逻辑—数理智力回路的开发方面起作用，在其他智力回路的教育方面，还未发现其重要性。所以，单纯进行左脑教育的教育模式会有失偏颇。

教育绝非是教授孩子知识而已，还应该教授孩子学习的方法和培养孩子自学的习惯。

父母们应该认识到，一味地为了应试而给孩子填塞知识的教育方法是不会收到很好效果的。当今时代发展所需要的人才必须拥有获得认可的、各领域的才能，发现孩子的个性并认清他们的个性化成长方向，这对培养孩子非常重要。

☆认清孩子的个性成长方向，朝着个性化成长方向培养孩子。

相信孩子的无限潜能

"作为父母，最大的责任是认真听取孩子的想法。"
这是临床心理学学者海姆·G.吉诺特（Haim G.Ginott）
的名言。他还有一句名言："父母要倾听的不仅是孩子的
言语，更要听出其中包含的心情。"这里所讲的正是父母
要努力感受孩子的心情，即与孩子产生共鸣。

父母如何与孩子产生共鸣呢？首先，要相信任何孩子
都具有出色的生长力；其次，学习针对孩子个性的心灵教
育方法。

每个孩子都是天才。此处的"天才"指的是孩子与生
俱来的、具有令人惊叹的发展潜能，也就是说，孩子是拥
有一切可能性的群体。

随着不断成长，孩子们会形成不同的个性，此时，父
母的作用就是帮助孩子个性的成长。针对孩子的个性展开
教育，这对于任何一个孩子来说都是最佳教育，甚至可以
说是无比幸福的教育。

但是大多数父母都无视孩子的个性，而强加给孩子自己认定的教育，这往往会压制孩子的心灵。所以，父母要时常检讨自己有没有这方面的问题。

我在对那些想要进入七田真教室学习的孩子进行面试时发现，基本上所有的母亲对于育儿都或多或少抱有一定的困惑。那是因为父母有自己的育儿标准，而在育儿过程中，孩子时常无法按照标准去做，这才产生了种种困惑。

具体来说，产生这些困惑大体有两方面的原因：一是无法按照自己设想好的方式培养孩子；二是和其他孩子比较起来，自己的孩子看起来比较迟钝。七田教室的使命就是消除父母的这种困惑。

不要拿自己的孩子和其他孩子做比较，如果父母能做到忽视孩子的负面因素，相信孩子的无限潜能，以培养孩子身心健康成长为目标，那么，从这一瞬间起，孩子就会开始改变。

☆相信自己孩子的无限潜能。

培养孩子的沟通能力和表现能力

　　怎样才能培养出有个性、自立的孩子呢？

　　沟通能力和表现能力这两方面非常重要。

　　沟通能力是指擅长与他人结交，并接纳对方的能力。为此，必须善于读懂对方的情绪和心理。但是，在被称为电脑时代的如今，这种能力显著下降。

　　在孩子小的时候，父母应该考虑让孩子尽量建立起丰富的人际关系。父母应该教会孩子的是：与提高学习成绩相比，朋友之间的人际关系更加重要。

　　在教育孩子时，首先，要重视亲子间的沟通；其次，父母要努力让孩子处理好与朋友间的人际关系。

　　具体来说，可以按照本书第 4 章介绍的"回声法"来进行。在家庭中认真倾听孩子所说的话并与其交谈，使孩子在最初接触的"社会"——家庭中培养自己的沟通能力。

　　表现能力是指以丰富个性为基础，培养孩子把自己的梦想传达给他人的表现力。

表现能力的培养最好从小开始。仅仅依赖电视或电脑游戏的方法是下下策，而读书则是非常好的方式。因为在现实生活中，很多重要的信息或传递真实内容的信息是无法通过电视等媒体获取的，此时可以精选这类信息，让孩子通过阅读来培养立志的能力。

另外，在培养表现能力时，提高文章写作能力尤其重要。接受心灵教育成长起来的孩子，只要教给他们写作方法，他们就能写出具有人文关怀的文章。

人、物质和金钱的时代即将过去，今后的社会将是头脑、智慧和信息的时代。让我们一起培养孩子收集、加工信息的能力吧！

☆要培养孩子的沟通能力和表现能力。

培养孩子控制自己的情绪

在育儿过程中，最困难的是面对缺乏忍耐性的孩子。从小时候开始，就无限制地满足孩子们的所有需求，这正是导致孩子遇事无法容忍的源头。

因此，可以这么说，在育儿过程中重要的是培养孩子控制自己的情绪。

正如前文所述，现在已经进入了情商教育时代。在情商培养的效果方面，大致有两个判断标准。具体如下：

一、能够控制自己的情绪。

二、能够体谅他人。

能够控制自己的情绪即不任性，而不任性也就会体谅他人了。

无论哪个父母都想把自己的孩子培养成聪明、坚强的孩子，但很多时候事与愿违。

目前的教育也时常会出现错误价值观指导下的模式，比如只重视考试成绩等。

电视中经常会报道一些父母杀死孩子或孩子刺死父母的新闻，其中很多都是因为这种错误的价值观而酿成的悲剧。

如果用重视学习成绩好坏的价值观来培养孩子，容易让孩子形成"我只要第一名，为此不惜排挤他人"的心态，那样孩子会逐渐形成不懂体谅他人的人格。

这种从不考虑他人、以自我为中心的状态，会导致孩子养成一种无法与他人结交的心理习惯。在现实中，这种例子随处可见。某某以优秀的成绩从名牌大学毕业，进入知名大企业，但从踏入社会起就无法建立良好的人际关系，很快就辞职了。接着，到下一家公司也遇到同样的情形，最后只得回家闭门不出⋯⋯

孩子是否能建立起良好的人际关系，主要取决于父母以怎样的价值观来教育孩子。

"比起学习成绩，多为他人着想的人生态度更为重要。"如果父母以此为原则来教育孩子，孩子将会成长为不以自我为中心，想他人之所想、急他人之所急，颇有人缘与声望的人。我们可以这样认为：即使学习成绩很普通，但拥有好人缘的孩子更有前途。

如果父母总是唠叨成绩的事，虽然孩子的成绩会很好，但他们不懂得体谅他人。此外，他们还会把在家里累积的压力向比自己更弱小的朋友发泄，有可能变为喜欢欺负别人的孩子。

另外，还有很多孩子因为成绩太好而被同学嫉妒、排挤。这种情形往往是由于这些孩子只注重学习成绩，而不注重与朋友交往才被孤立的。

如果以情商教育为中心培养孩子，会出现什么结果呢？孩子不单只注重学习成绩，也能控制自己的情绪；遇事能考虑到朋友，彼此之间在和谐的氛围下互相学习。如果能那样的话，就根本不会出现类似排挤之类的事情吧。

☆相对于成绩来说，有好人缘的孩子更有前途。

充分沟通可以使孩子情绪稳定

下面有一组较早的数据，是 1998 年日本 IBM 以日本和美国各 200 名男女中学生为对象进行的问卷调查。调查内容是对自己父母的想法。

调查结果如下：

	美国	日本
非常尊敬自己的父亲	66%	20%
非常尊敬自己的母亲	65%	23%

由以上数据可知，在尊敬父母方面，日本的中学生和美国的中学生相比，比率要少很多。那么，为什么日本的孩子不尊敬自己的父母呢？

这是因为在日本，父母在育儿过程中没有以身作则地尊敬孩子。孩子会模仿父母的行为，如果自己没有得到尊敬，就无法产生"敬"之心，当然也不会尊敬父母了。

孩子步入歧途、欺负他人、自杀等事件，归根结底都是因为在成长过程中没有受到大人的尊敬。

电视或报纸经常报道这样的案例：父母都是学校的老师，家庭教育也非常严格，孩子一直都是优秀学生，但突然就不去学校上课或突然犯罪了。

这说明孩子和父母没有达到心灵上的沟通。而导致无法达到心灵沟通的很大一部分原因在于，父母没有聆听孩子真正心声的习惯。

一般来说，如果家庭和睦的话，孩子就能说自己想说的话，父母也会认真听孩子的话，这样的习惯非常重要。

在《首都重点私立中学 100 个合格者的家庭独立调查结果》（《能培养出头脑聪明的孩子的爸爸们的习惯》，清水克彦著，PHP 文库）中，记述了那些成功升学的家庭为孩子所做的事：

一、尽量注意多和孩子一边聊天，一边吃饭。

二、一边看电视或报纸，一边就社会上的事或具体情节进行讨论。

三、充分赞赏孩子而非责骂，相信孩子的能力。

四、让孩子从实际生活中学习社会学和自然科学，把参观学习和亲身观察引入生活中。

五、限制看电视的时间（包括电脑、游戏）。

六、让孩子一起参加全家谈论理想和特殊技能的活动。

根据这项调查结果发现，但凡能培养出优秀孩子的家庭，都很重视父母与孩子之间的沟通。

在日常生活中，父母经常聆听孩子的话，这对于孩子将来的理想实现是非常重要的。父母与孩子的沟通越好，孩子的情绪就越稳定，在学校的成绩也会越好。

☆家庭中的充分沟通可以使孩子的情绪稳定。

把孩子作为一个独立的人来对待

孩子的"爱"之心和"敬"之心是与生俱来的。此"敬"之心并非单方面的行为，而是互相尊重。人人都想获得他人的尊重或重视，因为这是人之道。有此"敬"之心的人能避免步入歧途。

培养"敬"之心的关键在于父母对待孩子的方式。如果父母不爱孩子，孩子也不爱父母，或者在父母育儿过程中不尊重孩子，那么就无法培养出尊重父母的孩子。

玉川学园的创立者小原国芳解释说，为了人类的进化，相比起过去和现在，拥有对未来的期望，即"崇敬子孙"，更显得重要（《母亲的教育学》，玉川大学出版部）。老师不尊重弟子或孩子，就无法培养出优秀的人。换言之，在老师不尊重弟子的时代，文化不会进步，国家也不会得到良好发展。

更进一步地说，"为什么不把自己的孩子当做宝物一样尊敬呢？孩子是神寄存在我们这里的宝物，是国家的宝

物，是家庭的宝物。"

很早以前，人们普遍认为孩子是神的寄存物，必须以顶礼膜拜的态度来养育。

但是现在，人们几乎视孩子为私有物品，以粗暴的言语教育孩子的父母不在少数。孩子不可能对那样的父母抱有尊敬之情。

每个人都带着独特的使命来到这个世界，任何人都无法代替他人。

所以，必须要尊敬身边的人。即使是对自己的孩子，也不能将之看做是自己的附属物，应该把孩子当做一个具有优秀人格的人来尊敬对待。

父母是孩子最早接触的人，能够获得父母尊敬的孩子，长大后会尊敬父母、尊敬他人。同时，不会背离人道，而会走上正确的道路。

以前，在宫城县有一户非常贫穷的人家，丈夫很早就去世了。妻子独自抚养三个孩子，虽然家境贫困，但孩子们一个当了大公司的领导，一个成为大学教授，一个是著名的艺术家。

这个故事曾作为育儿的经典案例被某杂志采用。当问起成功育儿的秘诀时，这三个孩子的母亲答道：

"我是以尊敬的态度来教育孩子的。招呼孩子的时候，从来没省略掉孩子的名字。有事的时候，我会用'××先生，没事的话来帮妈妈一下'的方式，充分重视孩子的心情。"

也就是说，孩子是神的寄存物，粗暴的对待方式是不可取的。

在育儿过程中，充分尊重孩子是培养优秀孩子的关键所在。

☆把孩子作为一个独立的人来对待。

尊重孩子，孩子必然尊重他人

以前曾参加过一个公司女同事的结婚宴席，婚宴办得非常好，新郎也非常出色。但新郎恩师的现场发言着实吓人一跳，他说："这家伙过去在学校里是最差的学生。"

接着往下听才知道大致情况。上学时新郎的恩师有一次曾问他："为什么你要做不良少年团伙的头目？"他回答说："大家都认为我很差，所以我就如大家所期待的那样成为最差的。"这时，恩师说："我从来没有那样看待你。我一直认为你也拥有令人尊敬的人格，在对待你的态度上，我一直都是非常尊敬的。所以，让我看看你真实的样子吧。"从那以后，新郎果然做回了真实的自己，开始发挥自己的能力。

原本是学校最差学生的他，发生改变了，周围的一切也都跟着改变了。后来，他在学校里变成了好学生。他结婚的时候，正在一家公司做销售，业绩在全公司是最出色的。令他有如此改变的仅仅是老师的一句"以尊重的态度对待你"。

听到这句话，不禁令我想起上初中时听到父亲说的一段话。

我父亲年轻时在南满洲铁道株式会社工作，当时被调到一个新部门任科长。前任科长告诉我父亲，该科中有三个无论如何都没办法纠正错误的不良员工。父亲把那三个员工叫过来问道："你们知道上面的人是怎样评价你们的吗？"

"知道，上面认为我们是不良员工。"

"为什么会认为你们是不良员工？"

"因为我们不工作。"

"你们为什么不工作呢？"

"因为再怎么工作也会被认为是不良员工，根本就不给予我们正确的评价啊。"

"我不会把你们当做不良员工的，努力工作吧，让我看看你们本来的样子。我肯定会给你们正确的评价。"

听到父亲的这番话，这三个员工一改往日作风，发奋工作。

后来，父亲给予这三个员工最高的工作评价。部长将父亲叫过去，问道："科长，这三个人的评价是不是弄错了？"父亲回答："没错。他们已经变成努力工作的员工了，如果不相信，部长您可以亲自去看看。"就这样，父亲调到那个部门之后，那个部门就再也没出现过不良员工。

父亲是这样告诉我的："任何人都是值得尊敬的。一定要以尊敬的心态来对待他人。"

这句话深深地印在我的脑海中，我也把它告诉自己的孩子，教育他们要以尊敬的态度对待朋友。

无论是什么样的孩子，如果在成长过程中能真心地被爱、被尊重，将来一定不会步入歧途。不良少年大多都是在成长过程中没有获得父母的"爱"和"敬"。无论什么样的不良少年，如果能遇到一个尊重自己的人，他的人生将会发生改变。

"敬"之心首先要从父母做起。

☆如果能遇到一个尊重自己的人，孩子会发生改变。

第3章

让孩子从小拥有自己的理想和目标

人生在世，最重要的是有自己的理想和目标。而人生理想与孩子的个性其实是紧密相连的，需要父母和孩子携手共同培养。

此外，每个人生下来都是带有使命的，那就是发挥自己的个性为社会做贡献。

在家庭里，能够培养孩子人生中最重要的品德——"志"与"德"。通过让父母参加到育儿活动中，能够让孩子感受到关爱与尊重，这样，每个孩子都能发展成为领导型的人才，这才是教育的理想。

让孩子能为实现目标燃烧热情

用什么方法能够让孩子最大限度地发挥能力呢？

答案是教会孩子明确地树立目标，并为实现目标燃烧自己的热情。我们共同的目标是：让每个人在各自领域中做出贡献，以惠泽更多的人。

在这一过程中，发挥重要作用的是父母在日常生活中孜孜不倦的教诲。通过父母的教诲，孩子能端正人生态度，认识到人与人之间必然会产生联系，当有益于他人时，自己也会受益匪浅。另外，父母一定要让孩子明白：德行比才能更重要。

在自己擅长的领域，尽量有益于更多的人。让这种观念深入孩子的内心，尽量让孩子感觉到"这是我特有的能力"。那样的话，每个孩子都会拥有符合自己个性的理想和目标，其人生也将会过得非常有意义。

但是，在现实社会中还是有很多年轻人没有任何理想，也毫无利他之心。

下面引用的数据虽然是几十年前统计的，但在一定程度上也可以说明问题。总务厅实施的《世界青年意识调查》（引自 1989 年 1 月 15 日《读卖新闻》）中有这样一个题目："你愿意为国家做贡献吗？"在回答"愿意"的人群中，排在第一位的是新加坡（占 89.2%），第二位是韩国，第三位是中国，第四位是美国，而日本仅有 41.0%，在被调查的 11 个国家中居第 10 位。

报道严厉批评了当时日本年轻人的状态，认为他们缺乏社会责任感，而且缺乏朝气。遗憾的是，现在这种情况仍旧没有改观。为什么会出现如此现象？主要是因为在现代社会中，学校教育偏重于知识教育，非常缺乏体谅他人之心的情商教育。而且在家庭中，父母也没有培养孩子拥有理想、为他人奉献的意识。无论学校教育还是家庭教育，都忽视了情商教育。

只有培养孩子对自己的人生充满理想、拥有目标，才能让他们在人生的大道上大步迈进。

☆把自己的个性和人生理想连接到一起。

培养理想，父亲的作用居首

让孩子拥有理想，最重要的是家庭教育。每个父母都应该努力在家庭中培养孩子的理想和志向，将孩子培养成未来活跃在各个领域的领导者。

育儿的根本不在于学校，也不在于社会，而在于家庭。其中居中心地位的应该是父亲。

江户中期德川幕府的家臣、精通典故的伊势贞丈（1717—1784）在《贞丈家训》中这样说道："严厉地教育孩子是父亲的仁慈，而说明道理并告诫孩子不要怨恨父亲，则是母亲的仁慈。"我认为，这正是家庭教育的关键所在，也正是日本人血液中一脉相传的日本文化。

如果能培养出拥有远大理想和志向的年轻人，就算国家的自然资源匮乏，也一样能够成为强国。因此，教育非常重要。

世界上自然资源贫乏的国家对教育的投入都非常大，这是因为大家都明白教育可以强国。

一个国家一旦人才贫瘠，每个孩子都没有理想，那么这个国家很有可能走向灭亡。而如何培养孩子，这就需要培育人才的教育模式，需要让孩子学习作为一个人该如何生存的人类学。

我们常说"以志益人"，拥有高远的志向，并为此志向不懈努力，个人才会得到锻炼，心智才会得到磨炼，才能也会随之增长。志向越大，可发挥的空间就越大，也会有更好的运势。

"想他人之所想，急他人之所急"可以被称为"累积德行"。累积德行可以增长气势，磨炼心智，运势也会随之变好。

人仅靠一己之力是无法生存的，需要依赖身边人的帮助，才能够在世间行走。那么，你如何回报那些帮助过你的人呢？这就需要"德"与"志"。

仅仅为自己活着，心胸无法变得更宽广，这是一种失败的人生态度。

☆通过立志磨炼人。

心灵教育的终极目标是让孩子找到想做的事并实现它

为了让每个孩子都能找到自己的道路，以至于不浪费才能，心灵教育显得非常关键。其终极目标就是让孩子找到自己想做的事，并努力实现它。

换言之，让孩子描绘自己人生的理想，并确定自己人生的终极目标，"最大限度地发挥自己的能力，去帮助他人"。

但这个理想需要父母和孩子共同努力才能实现。如果父母的人生态度或思考方式偏向左脑式、功利型、比较型、评价型，那么，孩子很难描绘出自己的人生理想。

父母首先要审视自己的人生态度，从自身做起，培养孩子的理想；要以身作则，和孩子共同发掘为他人服务的理想。

这种教育方式的核心并非源自竞争原理，而是要鼓励孩子以共生、感谢和贡献的心态来度过人生，这正是"七田式右脑教育"的精髓所在。所以，父母也要通过育儿和孩子一起探索在人生成长过程中应该做一些什么。

吉田松阴（1830—1859）在日本被称为最优秀的教育家，他曾在山口县萩市开办的"松下村塾"（私塾）教书。

吉田松阴曾问想读私塾的年轻人，为什么要来"松下村塾"学习。大多数的年轻人回答说，想要学习知识，成为伟大的学者。吉田松阴教育他们说："为了名利来学习，或是由于本身具有绝佳的背诵能力或记忆力，抑或是由于喜欢学问来学习，都是不对的。一定要确定自己的志向，试图去改良社会、革新现实，为了开拓一个崭新的时代尽一己之力，这种'志'才是最重要的。"他还通过向学生解释没有"志向"就是"无志"，"无志"等于蝼蚁❶，来进一步阐释"志"的重要性。吉田松阴培养出了很多为明治维新大业做出重要贡献的人才。他虽身处乱世，但仍能给年轻人正确指引，真不愧是一代优秀的教育家。

生活在目前这种人生观混乱的社会，培养这样的人生态度更显得重要。

☆与孩子共同学习感谢和贡献。

---

❶日语中"无志"的发音与"虫"的发音相同。——译注

多读书、读对书，获得聪明生活的智慧

对于每个人来说，最重要的事情是活着。但仅仅活着是不够的，人应该聪明地生活。

那么大家都在聪明地生活吗？当然不，应该说大部分人都在浑浑噩噩地生活。

聪明地生活需要智慧，需要有教科书，就像打仗需要兵法书一样。要想生活得聪明，需要参看一些关于生活方法的指导书。

说起这类书，在中国有《论语》，在西方有《圣经》。在这些书的指导下，学习作为一个人该如何生活，是培养远大理想和志向的捷径。

日本过去实行的是私塾教育，孩子从小就开始读诸如《论语》等专门传授"作为一个人该如何生活"的书。在私塾中，孩子需要背诵并深刻理解、认真体会书中的教诲。那时的私塾教育以伦理和道德为基础，即我们所说的心灵教育。

　　江户时代，日本全国各地有很多培养年轻人理想和志向的学院，也正因为有了这些学院，在"黑船事件"❶之后，日本非但没有被外国人轻视，还急速地向近代化迈进。

　　当时有一位叫佐藤一斋（1772—1859）的儒学家，其关于人生态度的著作留传至今。佐藤一斋是江户幕府时期"昌平坂学问所"（东京大学即以此学校为基础而成立）的儒官，是当时非常活跃的儒学家，更被后世尊称为儒学的最高权威。其弟子有数千人之众，其中不乏像佐久间象山（吉田松阴的老师）这样的大家；还有一些名人，虽然并非佐藤一斋的直接弟子，但却研习他的著作，比如说西乡隆盛（日本江户时代末期的萨摩藩武士、军人、政治家）。

　　佐藤一斋的《言志四录》被坂本龙马（日本明治维新时期倒幕维新运动活动家、思想家）、胜海舟（日本江户时代末期的开明政治家、江户幕府海军负责人）、西乡隆盛等人尊为身边常备之书并时常研读，更被他们奉为终极人生指导书。

---

❶ 指 1853 年美国以炮舰威逼日本打开国门的事件。——译注

西乡隆盛反复研读《言志四录》，从其博大的教诲中精选出 101 条作为自己的座右铭。以下是其精选内容的前 4 条（《言志四录：来自佐藤一斋的教诲》）：

一、人生的价值在于为了多数人的利益而奋斗。

二、不要迷恋地位、名誉和表象的成功。

三、情义（体谅他人）使宇宙万物合为一体。

四、万事都不要以人为对手，而要以天为对手进行较量。

活跃于江户时代末期、实现"明治维新"理想的志士们，大多都是受《言志四录》的影响成长起来的。由此可见，即使在现代，年轻人要想培养自己的理想和志向，也应该像这些前辈一样，拥有一本人生的指导书。

☆让孩子试着在各种各样的古典著作中找寻属于自己的指导书。

怎样让孩子自发产生理想和志向

为了培养孩子的理想和志向，父母在日常生活中应该采用什么样的方法呢？

就目前的教育模式来说，最缺乏的是关于利他性和磨炼心智的教育。通常，人们通过不断锻炼自己的感受性来实现磨炼心智的目的。此处的感受性包括对自己的爱和对他人的爱。

磨炼心智即是做有益于他人的事。无法理解对他人的爱是一种感受性的欠缺，因此要教育孩子多锻炼自己的感受性，进而使心智得到磨炼。

人应当有志于提高自己的人格，这样的人生态度对于一个人来说才是最重要的。而心灵教育正是使孩子树立这样的人生态度，我认为这是今后应该实施的教育。

人生的伟大理想和志向应该拥有这样的人生观：希望有益于他人，为更多人的利益而奋斗。而人的伟大与否，也正是通过为了多少人的利益而奋斗来判断。

孩子通过父母的言传身教培养了利他的理想和志向，进而拥有符合自己个性的明确目标。而父母则不断支持、鼓励他们，让其能为了实现目标不断燃烧激情。

为了让孩子拥有理想和志向，父母要在充分传达爱的基础上，不断告诫孩子下面这两句话：

"一定要成为有益于他人的人。"

"德行比才能更重要。"

所谓"德行"就是为他人的利益而奋斗。而"德行大业"则是通过不断思考今后自己所做的事是否具有利他性，是否会让他人喜悦，最后通过自己的分析而决定最终的奋斗目标。

《圣经》中有这么一句话："给予比得到更幸福。"

父母要不断告诫孩子：一个人如果没有德行，无论他有多少知识，多么有才能，都不会受到尊敬。同时，要教育孩子：比起利己观，利他观更为优秀。

☆教育孩子不断锻炼自己的感受性，培养有益于他人的人生观。

德行比才能更重要

相对于才能来说，德行更重要。所以，和学习成绩相比，与朋友的人际关系更为重要。对这一点我深有体会。

细说起来，这是发生在我二儿子身上的事。我二儿子在上高中之前，一直在乡下生活，高中时转到广岛的学校就读。入学后没过多久，学校进行了一次能力测验，当时在校住宿的儿子打电话回家。

他说："爸爸，现在大家都在传说我考试得了第一。"

"不可能吧。其他人都是从初中开始就在那个学校读书，而你是刚从乡下转学来的，怎么可能得第一呢？我不相信。"

儿子就读的中学是初高中统一化教育，有很多优秀的孩子。儿子刚从乡下来到大城市，才刚刚被编入高一，第一次能力测验怎么可能得第一呢？确实是很难让人相信。

"但是大家都这么说呀，"儿子稍显不服气地说，"那我们就等成绩出来吧。"

一周后，儿子来电话说："爸爸，成绩出来了，我数学第一，总成绩第二。"

"是吗？那太好了！"我真心地祝贺他。

但是，这之后没多久，儿子又打电话回家。

他说："爸爸，我不想住宿舍了。"

"为什么不想住了呢？"

"大家都来干扰我学习，他们总是到我的宿舍来影响我学习。我在宿舍里完全无法安心学习。所以，我想出去租房子住。"

听到这里，我对他说：

"你想错了。考试得第一不是什么了不起的事，在学校里能多交朋友才更重要。大家既然专门到你的宿舍来，你就要敞开心扉，高兴地欢迎大家啊。如果大家都能成为你的知心朋友，那该多好啊！到那时，大家肯定都会成为能帮助你的人。"儿子哽咽着说："我知道了。"

后来儿子对我说，从那之后他的人生观发生了改变。对于那些来宿舍玩耍的同学，儿子总是热情招待。最后，那些同学都成了儿子重要的朋友。在高二那年秋天举办的文化节上，大家给学校提交的作品竟然是以儿子为主角制作的电影。那部电影获得了极大好评，至今儿子都常说起那段令人怀念的日子。

之后，儿子被大家推选为宿舍的自治委员长。

与才能相比，应该更重视德行。我在自己的育儿活动中，亲身实践了教育孩子抱有利他观的做法。

☆热情地对待身边的人，其重要性胜于学习成绩。

传达正确生活方式的阴阳法则

世间都有阴阳法则，理解了阴阳法则，我们便可懂得：遇事只考虑个人得失必会事与愿违；若先他人后自己，则结果会很好。

我们在报道中经常可以看到这样的场景：有些大公司在经营中，若是一味追求自己公司的利益，忘记了顾客才是上帝，最后会以失败告终。这在一定程度上可以说明，这些公司的高层人员在小时候，或者在学校的时候，没有接受过德行教育，忽略了对他人的奉献，他们只是拼命追求公司利益最大化。

阴阳法则并非只适用于公司经营，把它作为人生观教授给孩子也非常重要。

阴阳法则的主要内容如下：

一、即使是夜晚，也会有光亮。

二、即使是白天，也会有阴影。

三、有夜晚则必然有白昼，依循环法则而变化。

四、想骗人，必招损。

五、只想享乐，必尝其苦。

六、追求苦行，极乐必至。

七、只想储存，必有损生。

八、常想帮人，幸福必至。

九、为他人能竭尽全力，接受帮助之人必会帮助你。

十、为社会做贡献，自我价值和无上幸福终会到来。

将以上法则作为教授孩子树立正确生活态度的基石，就能够正确地培养孩子的感受能力。如果理解了阴阳法则，那么即使当下比较辛苦，但只要努力并遵循磨炼心智的人生观生活下去，你的努力一定会结出丰硕的果实。

☆让孩子知道：事物的发展必有起伏，有表必有里，任何事物都有因果。

有梦想的孩子更容易具备领导才能

目前，世界各国都希望有一种能培养领导者素质的教育。"领导才能"作为一个大的课题正在被更多的人所关注，仅仅在书店中就有很多关于培养领导才能的图书。

领导才能是不断被培养出来的。首先，要确立自己人生的明确目标；其次，要充满热情地努力实现这一目标。此外，真正的领导才能是可以通过家庭教育与正确的育儿方法培养出来的。

在实施正确的家庭教育过程中，应该让孩子从小就开始描绘自己的人生理想。要培养孩子这样的心态："我想在 ×× 领域施展自己的才能，为尽可能多的人服务。"通过描绘人生理想，孩子会逐渐培养出自己独一无二的才能。

放眼看那些现在已经成为领导者的成功人士，不难发现，他们都有大体相同的成长模式，那就是在很年轻的时候就树立了明确目标，然后激情澎湃地为之努力，最终成为这一领域的佼佼者。

但是，目前教育模式却是让孩子们攀比成绩，只把热情投注到考试学习中，使他们丧失了放眼观望自己人生的视野。

我们要教育孩子树立正确的人生观，即通过自己的理想帮助更多的人。

在当代家庭中，大多数父母总是教育孩子要努力提高眼前的考试成绩，这种育儿方法只注重成绩和智力，却没有向孩子传达拥有理想及帮助他人的重要性。

不好的家庭教育无法培养出有理想、愿意为他人尽力的孩子。

所以，我们在日常生活中要经常教育孩子："做事一定要有益于他人。相比才能而言，德行（有益于他人的生活态度）更重要。"唯有如此，孩子才会逐渐具备优秀的领导才能。

领导者是众人选择的结果，而通常大家都是以下面的心态来选择领导："这个人真的是替我们考虑问题呢。因此，他肯定拥有很远大的理想。让我们来帮助他实现理想吧。"

有这么一句话很能说明问题："真正的领导是为他人奉献的领导（服务型领导才能）。"

即便自己多少有些牺牲，但却有益于他人，这种人生观对于一个堂堂正正的人来说，会是非常好的人生前进方式。

当今时代，每个人都期望遇到一个好的领袖，希望这个人具有可以改变闭塞社会现状的领导才能。其实，每个人通过自己的努力都可以具备这样的领导才能。

让我们努力把自己的孩子培养成具有丰富的感受性、拥有无穷智慧、拥有大视野，而且在各个领域都活跃的人才吧！

☆在家庭中培养孩子的梦想，它比考试成绩重要得多。

第4章

情商培养21法

情商培养需要从向孩子传递爱开始。传递爱，其实有一个非常具体的实践方法，那就是紧紧拥抱、满怀关爱的心灵沟通。

说一百次"我爱你"。

与孩子进行语言交流。

与孩子进行心灵接触、一步步地支持孩子，是优秀父母的职责。

做好这 6 点，亲子沟通无障碍

在"七田式教育"中，满怀关爱地对待孩子包含六大要点：

一、不光看孩子的缺点，还要赞赏孩子的优点。

二、不把孩子现在的状态当做是已经完成的状态，而要看成是发展过程中的状态。

三、在育儿过程中要避免完美主义（不以过高标准要求孩子）。

四、不要设定过高标准，要把孩子现在的状态当做满分的状态。

五、在育儿过程中不以学习成绩为重心。

六、不和其他孩子比较。

试着学习并执行上述的"对待孩子的六大要点"，你将发现，在不知不觉中你的看法和对待孩子的方式会发生改变，孩子也会彻底改变。

父母总是以严格的标准来对待孩子，只注意到孩子的缺点，这很容易变成孩子眼中的"话痨"。

其实，父母要求孩子完成的标准只是父母设定的完成后的标准。但要记住一点，孩子是时刻都处于成长过程中的，所以重要的是在育儿中要完全接受孩子现有的东西。

本书的第 2 章曾提到，如果父母怀有负面情绪来教育孩子的话，会产生"两个毒瘤"，其一就是父母单方面设定高标准来要求孩子。

随着孩子的成长和年龄的增长，他们会逐渐发展自己的语言能力、运动能力等。在这些方面，如果父母单方设定诸如"已经 × 岁了应该会做这个了"之类的标准，当孩子做不到时，肯定会有负面评价。

当出现这种情况时，父母就会觉得自己的孩子完不成任务，从而会感到有精神压力，结果导致孩子在成长过程中也有精神压力，这样便出现了第 1 章所提到的恶性循环。

还需要注意，不要设定过高标准，尽量把标准定为"零"。

如果标准为"零"，无论孩子做什么，父母都可以用感恩的心情来接受孩子的现状，觉得孩子已经尽力了，做

得非常出色。

父母以感恩的心情来培养孩子，必定会充满正面情绪，而这种情绪也会传递给孩子。让孩子拥有"想要让妈妈更开心"的心态，这就是良性循环的开始。

"两个毒瘤"中的另一个是，常和其他孩子做比较。

如果经常和其他孩子做比较，会苦恼于"为什么那个孩子可以做得到，而我的孩子做不到"这样的负面想法。接着，你就会责备自己的孩子，并且自责。如此一来，精神压力集聚到一起，恶性循环就开始了。

父母一定要意识到，孩子其实是按照自己的步调在成长，即使比其他孩子稍显迟钝，也没有关系，从孩子的个性来看，即便这样也已经是一百分了。

☆每个孩子都有自己的成长步调，父母要接受这一点。

优秀孩子的 7 个特质

为了培养优秀的孩子，父母该如何教育孩子呢？这里，我再赘述另外 7 点建议：

一、培养信息接收力丰富的孩子（经常读书的孩子）。

不要让孩子成为电视迷、电脑迷，培养孩子通过读书获取信息的能力。

二、培养有预见性的孩子。

预见性是指能看透社会规则的能力。要想让孩子具有预见性，需要培养孩子的各种行为，例如：广泛阅读，关注电视或报纸中的新闻报道，认真听他人说话，面对新事物总是愿意放开心态去了解与接受。特别是要培养能思考新事物、具有创造性的孩子。

三、培养有灵活性的孩子。

不要把孩子培养成固执的人。不具有灵活性的孩子很难具有预见性，更培养不出创造性。

四、培养有志向的孩子。

要培养孩子拥有自己的理想，拥有为社会做贡献的心态。在这一点上，广泛阅读传记或历史图书必然会有益处。

五、使孩子拥有广阔的视野。

通过到世界各地旅行，让孩子能以更全面和崭新的视角来看问题，进而使孩子拥有通过自己的努力让国家发展得更好的想法。

六、培养踏实努力的孩子。

要想培养脚踏实地努力的孩子，需要从小开始让孩子拥有目标，然后努力地一个个去实现。通过积累实现目标的经验，让孩子体验实现目标后的喜悦感。

七、培养运气好的孩子。

命运之神不会眷顾那些以自我为中心的孩子，它只会眷顾那些抱有温和心态、远大志向并肯踏实努力的孩子。

上述第五点"广阔的视野"，对于今后的日本尤为重要。能够肩负日本未来的领导者一定会从拥有世界性视野的孩子中脱颖而出。

日本人通常会被认为沟通能力差，在国外旅行时，相信很多人都曾被外国人友好的态度吓一跳吧。别说是跟不认识的人说话了，就是与熟人谈话，日本人也很羞涩。最近几年，甚至还出现了两家邻居从未说过话的事情。

如果人际交往仅仅限于家庭内或亲戚间，那么视野必定非常狭窄。而狭窄的视野会使人产生利己倾向。

因此，可以让孩子经常去旅行，让他们能充分体验到人与人之间的心灵碰撞。通过接触各种各样的人和文化，开阔视野，以世界的眼光来看日本。一定要培养孩子具有全球化的视野。

另外，让孩子学习历史也很关键。通过学习历史可以

了解在历史长河中成功和失败的典型事例，让孩子拥有理想并能对实现理想的冒险性进行掌握。通过以史为鉴，学会如何走出危机的智慧。

实际上，出色的领导者经常视历史为老师。通过学习历史，学习祖先们克服困难的经验，可以让自己避免犯类似的错误，进而实现成功。

☆尽力培养视野开阔的孩子。

1 岁以内的孩子最需要母亲的紧紧拥抱

　　实施"亲子一体"的关爱教育的关键时期是孩子出生后的 1 年，特别是出生之后的 3 个月属于黄金阶段。这期间，母亲紧紧拥抱孩子，有助于培养亲子间的紧密联系。

　　对刚出生的婴儿，不给予任何刺激，只是让他们躺着睡觉是不可取的。

　　现在核心家庭（指以婚姻为基础，父母与未婚子女共同居住和生活的家庭）越来越多，只有母亲和孩子两个人在家里的情形逐渐增多。在这样的家庭中，过于安静的环境也蕴藏着危机。

　　母亲认为孩子年纪小还听不懂话，所以和他（她）讲话也没用，只是给孩子喂喂奶、换换尿布，然后让孩子静静地睡觉。如果是这样的话，孩子出生后不到 1 个月，身心就会变得紊乱。

　　即使孩子非常乖、非常温顺，父母也不能沾沾自喜，觉得生了一个好孩子。如果孩子非常乖的话，母亲抱孩子

的次数和逗孩子玩的次数会相对比较少，结果导致母子之间沟通不充分，这有可能会培养出语言比较迟钝的孩子。

在这种育儿模式下，即便孩子能在正常时间内开口说话，也有可能在社会性和智力方面发育较迟缓。

研究表明，最近社会出现越来越多没有朝气、非常消极的孩子，在他们身上有一个共同点，就是他们在出生后没有得到母亲充分的照顾。

大多数母亲都陷入了一种怪圈，想要让孩子成为"不怎么需要照顾，自己的事自己可以处理的坚强孩子"。但是事实上，孩子的这种坚强性格不是因为母亲放任不管而形成的。

恰恰相反。如果母亲越是能多拥抱孩子，多和他们进行语言交流，多抽时间和他们一起做游戏，孩子就越能成长为生气勃勃、坚强的孩子。

孩子的那种坚强是通过母亲给予孩子的各种切身体验而培养出来的。相反，如果放任自流，孩子的大脑就不会得到健康发育，也培养不出那种坚强的性格。

可以这么说，孩子的性格是在出生之后 5 个月内决定的。所以，不能因为孩子很乖，非常喜欢一个人玩而感到高兴。我们应该希望的是，孩子在出生 5 个月内能展示出他（她）的活泼反应。

从孩子一出生就给予他们充分的爱，多抽时间照顾他们，多进行语言交流，多加赞赏，这样有助于培养拥有活泼反应能力的孩子。

☆母亲多花一些时间陪伴孩子，孩子会变得坚强。

小婴儿啼哭时一定要拥抱、爱抚

如果要让亲子之间的联系更加紧密，多拥抱孩子就显得格外重要。如果孩子哭泣，请立刻飞奔到孩子身边抱起他们，特别是在出生之后的 3 个月内。

现在的很多父母都担心孩子养成"拥抱癖"，他们会根据育儿专家的指导，静静地让孩子啼哭 20 到 30 分钟，这样孩子下次就不会大哭，渐渐地变为低声啼哭，最后也许会不再哭闹。

但是，让孩子养成这样的克制力，难道是一件很值得父母高兴的事情吗？当孩子竭力啼哭想要表达自己的情绪时，如果没人给予回应，他们就会对如何表达情绪感到无所适从，进而导致性格执拗、消极，缺乏气势。

在出生之后的 8 个月内，通过母亲的爱抚获得充分关爱成长起来的孩子，不会出现情绪表达障碍。因此，孩子身上的社会性首先是通过和母亲的接触获得的。

　　孩子知道，当自己希望母亲来身边时，母亲一定会来，这样，孩子的情绪会非常稳定。孩子把这种无限的信任寄托给照顾自己的人，这是正常发育过程中不可或缺的。

　　另外，在孩子啼哭时立刻抱起并爱抚，可以使孩子的呼吸顺畅。如果在孩子啼哭时放任不管，他们的呼吸器官很容易发生问题，也很容易感冒。

　　除此之外，一些孩子之所以容易患感冒和家庭环境有很大关系。

　　如果在阴郁的家庭中成长，孩子的脑部肾上腺素的分泌会恶化，进而影响肾上腺皮质激素的分泌，这样会引起交感神经机能低下，容易变成易患湿疹和哮喘的体质。孩子会经常流鼻涕，父母一看到孩子流鼻涕就以为他们受凉了，给其加衣服，这样反倒更容易感冒。

　　不妨让我们在稍微寒冷的环境中养育孩子吧。因为适当的寒冷可以刺激皮肤，然后通过皮肤的刺激传递到大脑，使大脑产生紧张感，进而能有效调节自主神经系统和激素的作用，使免疫机能很好地工作。

这样，孩子在 3 岁之前就能形成调节内脏组织和激素的平衡水平基础功能。

☆亲子之间的无限信任是孩子正常发育的关键。

帮助孩子顺利度过 1 ~ 2 岁的逆反期

在实施爱的教育过程中，针对 1 ~ 2 岁的孩子，还有一点一定要注意。

1 ~ 2 岁的孩子还无法正确理解父母的语言并遵照指示驾驭自己的行为。即使父母明确命令"别做了"，孩子也不会立刻遵照这个指令来执行。

这就会导致有些母亲认为，孩子明明知道父母不让那样做却偏偏要那样做，觉得自己的孩子是坏孩子。其实，这是育儿过程中的一个盲区。

在这里，我想讲一下前苏联心理学家鲁利亚（A.R.Luria）的实验，希望能对大家理解这一观点有帮助。

鲁利亚在对 1 ~ 2 岁的孩子进行调查时发现：当对他们说"按一下这个按钮"时，孩子们会持续按按钮。也就是说，这个时期的孩子一旦开始某个动作，就很难被制止。

鲁利亚称，要想让孩子停止这个动作，最好的办法是让他们做其他动作。当我们想让孩子停下来时，与其直接

说"这不好，快停下来"，不如让孩子做一件好的事情。这一点非常重要，父母们要切记。

有很多母亲因为不了解1～2岁的孩子的这一习性，而整日抱怨孩子虽然已经1岁了，可是仍旧有逆反心理。这些母亲一定要注意孩子的这一心理。

孩子在成长过程中存在逆反期，这是再自然不过的事了，这也是孩子从被动接受方向自我扩充方发生转变的一个重要表现。

另外，还有一些母亲非常高兴地说："我的孩子对语言的理解能力非常强，大人说的话全都懂，所以几乎都没有经历过逆反。"事实上，这是比较危险的状态。

德国心理学家黑尔加·吉尔特勒对经历逆反期和没经历逆反期的孩子，进行了长达二十多年的追踪调查，详细调查了每个孩子的成长轨迹。其调查显示：经历逆反期的孩子大多成长为拥有很高自主性人格的人，而没经历逆反期的孩子则大都成长为缺乏自主性和能动性，并且人格有欠缺的人。

心理学家认为，没经历逆反期的孩子通常缺乏形成自我主张的体力和精力，这有可能是父母对其的压力过大而造成的。当然，并非经历逆反期就是好事。

如果孩子提出什么主张都全部接受的话，那么孩子就会变得任性自由，无法克制自己的情绪，而成为意志力薄弱的人，所以父母一定要坚持基本原则，让孩子明白有些事不可以做。

孩子将来是否会步入歧途主要取决于 1 ~ 2 岁时父母的对待方式。如果孩子在这个时期无法从母亲身上得到充分的爱，就会产生身心缺陷，从而成长为无法理解爱的人。正是因为没有得到母亲充分的爱，所以对他人也不会怀有关爱之心。

☆孩子的逆反期是自我意识萌发的体现，父母一定要明白这一点。

从出生后就开始语言交流的孩子更聪明

在向孩子传达爱时，语言交流与拥抱孩子同等重要。

孩子的智力发育主要通过语言交流来完成。如果从婴儿时代开始就不断大量地与孩子交谈，孩子将会拥有聪明的大脑。培养聪明的孩子的秘诀就是这么简单。

反之，如果孩子出生后几乎不与他（她）进行语言交流，很容易造成孩子的语言理解障碍。如此一来，原本有希望培养成为天才的孩子，最后很可能被培养成了智力低下的人。

关键在于从出生后就开始语言交流。

刚出生婴儿的大脑已经具备了处理视觉图像和分辨声音信息的脑细胞。如果不给刚出生婴儿的耳朵以适当的声音刺激，脑细胞中处理声音（语言）的突触就无法结合，会陷入混线状态，无法有效形成理解语言的细胞柱（脑细胞为大脑功能的最小单位，此细胞柱是由数万个脑细胞聚集而成的柱状结构），最后会使孩子出现语言理解障碍。

美国贝拉医科大学神经生物学家皮尔逊指出："无法有效形成细胞柱的孩子，有可能患抽搐、癫痫、语言障碍等疾病。"

另外，芝加哥大学神经生物学家彼得·胡滕洛赫尔用最新的强力电子显微镜观察初生婴儿的脑细胞，发现脑细胞的结合数以非常迅猛的速度增加。由此可知，脑细胞可以接收到环境的刺激，与此刺激相对应的脑细胞工作回路也就能逐渐形成。

科学研究证明，孩子出生之后，父母是否给予其丰富的语言交流，是否给予其丰富的刺激，将决定孩子智力发育的好坏。

让刚出生的婴儿听好几种国家的语言，使其通过听来简单学习这些语言，能让婴儿逐渐形成正确的发音。因为孩子的突触比成年人的多，可以充分利用脑细胞的结合，所以孩子更能感觉到各个发音之间的细微差别。相反，随着年龄不断增长，突触的结合会越来越少，学习语言也会随之变得困难。

如上所述，给予孩子丰富的语言交流，孩子的语言处理脑细胞柱的作用会发挥得更好，能实现瞬间处理声音的功能。如此一来，孩子就会具备天才式的信息处理能力。

婴儿的大脑可以通过接收大量的声音（语言）来自己体会必要的语法，并能够简单地说出这些话。

☆语言交流可以培养婴儿的脑细胞工作回路。

不要挫伤孩子想去做的勇气

我们要关掉电视，多用自己的声音与孩子交流，拥抱孩子，与孩子一起做游戏。只有母亲通过这些肌肤接触来关心爱护孩子，孩子的沟通能力才能被培养出来。

无论孩子擅长哪方面的能力，最关键的是父母要认可并赞赏孩子的能力，要充满爱地培养孩子。

请不要给孩子否定性的评价，不要挫伤孩子想要去做的勇气。通过父母的认可、赞赏、关爱，孩子才能磨炼出优秀的能力。

父母的负面想法只会引发孩子的负面情绪，父母一定不能否定孩子。这时，如果多用肯定性、鼓励性的话，反而会收到良好的效果，因为父母给予肯定性的评价会引发孩子的积极反应。

父母在与孩子沟通时，要尽量避免使用粗鲁的语言，不要认为他（她）是自己的孩子就随意训斥，要把孩子当成一个具有独立人格的人来平等对待，尽量用文明的沟通

方式来教育孩子。在要说出否定孩子的话时，先克制一下，想想如何可以转变为鼓励的话。

与其责备孩子"为什么做不到"，不如先对他（她）已经做到的事鼓励一下"做得非常好"，然后再告诉孩子"只要再努力一点，就可以把没做好的那一部分同样做得很好"。

当孩子没能尽快完成时，不要说"太慢了"之类的话，即便是稍微迟一点，也要表扬孩子"今天稍微快了一点哦"。

当孩子做计时作业时，可以故意告诉他们比实际用的时间稍短的时间，并鼓励说"完成时间缩短了哦"，这样，孩子会更加努力地减少完成所需的时间。

当想要让孩子做什么事时，不妨参考以下方法。

例如：当想让孩子听 CD 时，母亲只要对孩子说："你不需要听，只是妈妈比较想听而已。"然后自己表现得非常快乐地在听就好了。

学者奥斯特瓦尔德对那些成功人士进行了调查，总结出了他们的两大共同点：

一、都喜欢读书。

二、小时候都接收到来自父母的良好暗示（没有收到否定性评价）。

　　孩子的能力是否能得到开发取决于父母给予孩子的

环境。

　　☆鼓励的语言能磨炼出优秀的才能。

"满足孩子的一切要求"是不可取的

有一些母亲总是骄傲地说："我会满足孩子的一切要求，绝对不说'不许做这个或不许做那个'之类的话。"当然，这种育儿理念也是一种"让孩子在自由环境中成长"的方式。但是，当孩子犯错误或说出任性的话时，无论好坏一概接受的育儿方法，会培养出无法控制自己情绪的孩子。

我们除了要考虑孩子的基本教养，还要注意培养孩子成为意志坚强的人，可以说后者更为重要。

这里所说的意志坚强包含不以自我为中心、不任性的性格。具有克制自己欲望和情绪的能力，怀有克己之心，即是意志坚强。任性且不知忍耐、意志薄弱的孩子，根本无法发挥自身的个性。

这种坚强的意志、忍耐的习惯在孩子3岁之前已经基本形成，超过了3岁，并且已经懂得是非时再开始教育就太迟了。

当孩子在公共场所大喊大叫、不听话时，你有没有想过欧美国家的父母一般都会怎么做呢？

事实上，在欧美国家，父母会很严厉地训斥孩子，绝对不允许发生打扰他人的行为。虽然看起来有点过于严厉，但是他们都认为要从小培养孩子的良好习惯。

但是日本的父母在孩子随意打扰身边人时，很少训斥孩子。很明显，日本的父母过于溺爱孩子，没有在 3 岁之前进行严格的教育。

如果在 3 岁之前接受了严格的教育，孩子基本不会在公共场所做打扰他人的事。因为他们在 3 岁之前已经学会控制自己的意志，不是欲求不满的孩子。

欲求不满并非是欲求一直没有被满足而引起的。恰恰相反，是父母为了不让孩子产生欲求不满的情绪，所以对孩子的要求不加限制、一概满足，这会导致孩子的欲求无限制扩大，反倒常常产生自己的要求没有得到满足的想法。

能够抑制自己欲望的孩子是不会欲求不满的。

父母给予孩子的最大礼物就是在孩子 3 岁之前把他们培养成纯朴的孩子，这一点大家一定要铭刻在心。

☆教育孩子要懂得抑制自己的欲望。

孩子无法体谅他人，责任在于家庭

3 岁之前没有教会孩子忍耐，孩子要什么就立刻满足他们，这会让孩子下一次提出更多的要求。例如：由"想要一辆自行车"变为"想要一辆摩托车"，最后发展到"想要一辆小汽车"。

这就会使父母永远无法满足孩子的要求，而一旦孩子无法抑制自己的欲望，今后很容易步入歧途。人类的欲望是没有止境的。所以，不懂得忍耐的孩子，其欲求不满会越来越严重。而因为不知道如何处理欲求不满，往往会做出乎意料的行为。如今，因为很多父母都不知道在 3 岁之前教育孩子的重要性，所以培养出了很多任性的孩子。他们在成长过程中一直无法控制自己的情绪，不懂得体谅他人；有些孩子在为人父母后，还变成了"怪兽家长"❶。

这并非单是学校教育的问题，也是家庭教育的问题。

☆通过家庭教育可以培养出懂得体谅他人的孩子。

---

❶ 指蛮横地对教师提出无理要求的家长。——译注

117

关注孩子情绪的发育

　　孩子在不同的年龄段会产生各种情绪方面的问题。

　　首先是婴儿期。从婴儿出生后 3 个月左右开始，父母逗孩子，孩子就会发笑。在这个时期，父母经常逗弄孩子会使孩子的心灵健康发育。这时，父母要特别关注孩子的情绪，以便能很好地呼应。

　　出生后 6 ~ 8 个月是婴儿扩大认知、发现世界的时期。在这个阶段，婴儿的心灵开始觉醒，心灵之花开始盛开。同时，婴儿会产生"害怕"等感觉，因此，婴儿会通过观察父母待人接物的方式来学习区别危险和安全的方法。这是婴儿与社会发生联系的开始。

　　这个时期的婴儿已经能很准确地把握父母的情绪。他们通过观察父母的表情、动作、声音等，尝试着学习如何表现情绪。总之，这时父母的情绪会成为婴儿的心灵之镜。

　　父母要积极关注婴儿情绪的发育。当孩子认生时，母亲要让孩子看到自己对对方亲切的样子，孩子也会随之接受对方。

在出生后 9 ～ 12 个月的这个时期，婴儿能够理解与他人一起分享想法和情绪这一行为。这时，如果父母传达给婴儿"深表同感"的意思，婴儿会感觉到自己的心情被理解，以及自己和父母拥有同样的感情，这样就能建立起亲子之间感情的纽带。例如：当婴儿递给父母被自己弄坏的玩具时，如果父母对婴儿说"坏了吗？真可惜呀"这样的话，婴儿就会感觉到父母能够理解自己的心情。

如果婴儿在这个时期没有培养出和父母的感同身受，就会出现以下的情况：当父母把婴儿交给别人暂时照看后接他（她）回家时，婴儿会表现出表情麻木或者抵触父母的情绪；也有可能会情绪非常不安，紧紧黏着父母，不想让父母离开自己半步。

如果孩子表现出这种态度，父母在与孩子单独相处时，更应该注意感情方面的交流。

☆与婴儿在感情方面的交流非常重要。

争抢玩具，可能只是孩子在主张自我

1～3岁是孩子具有自立意识的时期。这时，孩子开始有自己的主张，渐渐不愿完全听父母的话。特别是会说话之后，"不要""我自己来""我的"之类的语言表达形式会越来越多。

在这个时期，父母一定要随时了解孩子的心情，注意不要让孩子陷入无力感，觉得无法控制自己。例如，在让孩子穿衣服时，不要说"穿上这件"，而是要问孩子"想穿衬衫？还是毛线衫"，给孩子自己选择的机会。

另外，在这个时期，孩子还不具有和其他孩子一同玩耍的社会性，所以经常会出现"所有权"之争。此时，孩子仅仅能从自己的视角来看问题，根本无法理解其他孩子的心情，所以经常会发生争抢玩具的现象。但是，这绝对不是孩子的本性有问题，只是孩子主张自我的一种表现罢了，是孩子在逐渐自立成长过程中的必经之路。

同时，这是训练孩子心灵的绝好机会。父母要努力理解孩子愤怒或不满的情绪，捕捉这种情绪的特征并把它置换成语言，帮助孩子理解自己的情绪。例如："玩具被别人拿走了，好难过吧"或是"拿不到，真可惜呀"。

接下来，要告诉孩子："没关系，得有先来后到啊"，教授给孩子"先来后到"的观念和解决的方法。之后，孩子即便是稍微表现出一点点愿与他人分享的态度，父母也要立刻给予肯定和赞赏。

在 4～7 岁这个时期，孩子会走向外面的世界，结交新朋友，面对各种各样的环境，学习新鲜有趣的事物。

此时，会出现很多必须控制自己情绪的情况，而这正是学习如何及时停止自己不适当行为，如何集中精力达成目标等能力的时期。与小朋友之间的关系对控制情绪具有很好的作用，可以说，在培养控制情绪能力方面，没有比这更加好的方法了。

对待这一时期的孩子，父母要给他们和其他孩子充分的一对一相处的时间。这一时期的孩子能很好处理"两个人"的关系。如果有第三个人加入进来，就会受到伙伴的排斥。此时，父母应该如何处理呢？

　　父母可以给孩子提供建议。例如，当第三个人想要加入进来时，建议他对第三个人说："现在我想和××一起玩，一会儿再和你玩。"当自己的孩子想加入而被拒绝时，要告诉他："先一个人玩，一会儿再和××一起玩，怎么样？"

　　另外，过家家的游戏比较适合这一时期的孩子。例如：让孩子扮演超人，在想象中培养孩子的自信；让孩子扮演爸爸或妈妈，让孩子体会做父母的心情。

　　☆始终贴近孩子的心灵。

"我相信你"，会让孩子更自立

通常提到"父母"这个词时，孩子很容易联想到：总是与我的想法相反，总是唠叨个不停。

在我们小时候应该也经常会有这样的情况吧：一些事明明父母不交代也会去做，但父母一唠叨，顿时就不想去做了；好不容易自己想去学习，可没想到父母先说"快点去学习"，顿时就不想去学习了。

大约 30 年前，我曾当过一个妈妈班的讲师，那时与一个初中三年级男生的母亲有过一次谈话。

她对我说："我儿子非常调皮，说什么他都不听，真是不明白他到底在想什么。如果是个女儿的话，同为女性多少还能了解她的心理。到底应该怎么样才能明白他的心里到底在想什么呢？"

当时我对她说了下面一段话。"不需要试图明白孩子到底在想什么。如果你已经做到了爱孩子并充分传达了你的爱，就已经教给孩子什么是善、什么是恶，以及社会的

规则是什么，那么接下来，你要做的就是信任自己的孩子。"

接着，我问她："你是不是经常唠叨孩子做这个做那个？一味地唠唠叨叨孩子会嫌烦的。到时就会产生逆反心理，对父母说的话一概不听。我估计你的孩子就是属于这个情况。你是不是经常对孩子的事唠唠叨叨？"

果然，那位母亲的情况正如上面所述。接着，我建议她："今天孩子放学回来后，你就对孩子说：'平时总唠唠叨叨是妈妈不对。现在你已经初三了，今后妈妈不会再说什么了。妈妈相信你，自己的事情自己肯定能处理好。'和孩子约定好，今后对孩子的事情一概不说。"

那位母亲此前总是唠叨"快去学习"、"快点起床"等，但从那之后再也没有说过类似的话。

最后的结果如何呢？从那之后，那个孩子的自立意识逐渐得到培养，放学回家后自己会规定看电视的时间、学习的时间。在应考的学习中也非常拼命，第二年以优异的成绩考入了当地很好的高中。

☆要信任孩子，别唠叨。

每天对孩子说 "我爱你"

　　七田真教室曾来过一个带着 3 岁女孩的母亲。很明显，那个孩子很怕她的母亲，一脸战战兢兢的表情。看着那个孩子，那位母亲说的却是："我不喜欢这个孩子，很讨厌她。"

　　我对她说："请在每天早晨孩子起床时，紧紧拥抱她并说'××，起床喽。妈妈很爱你'。一天中也要尽可能地拥抱孩子，并传达自己的喜爱之情。"

　　听到这里，孩子的母亲对我说："我很讨厌这个孩子，心底里没有那种想法，也就根本无法说出那样的谎话。"

　　听到她这样讲，我就拜托她说："即使是谎话也可以，因为假爱说 100 次也会变成真爱。即使明知是骗她，也请你每天紧紧拥抱孩子 20 次，并说'妈妈非常爱你'，请坚持 1 周。"

　　那个母亲终于同意了，"既然谎话也可以，那我就试试"。

　　大家认为结果会怎样呢？结果，第二周来上课时，小

女孩像变了一个人似的。

满脸惊怕的表情转变为开心的表情，小女孩满脸依恋母亲的模样，紧紧贴在母亲身边。在旁人看来，现在才是母子心灵紧密联系的状态。

正如我在上面所说的，每天不断地说"妈妈非常爱你。非常感谢你能来到妈妈身边。你是妈妈的宝贝"，会使得原本没有从母亲身上得到爱，对母亲关闭心灵的孩子，转变为渴求母亲关爱的孩子。

其实单论母亲这一方，也没有什么理由那么憎恶自己的孩子吧。一直以来，孩子都是用惧怕的表情看母亲，看到母亲就想躲，不愿意靠近，所以母亲也会有不悦甚至憎恨的情绪，但现在看到孩子讨好、渴求自己的爱的样子，任谁都会变得从心底里爱自己的孩子。

孩子的心灵不会因为被否定或被命令就会有改观，反之，会出现反驳父母、关闭自己的心灵等状况。这样一来，无论对父母还是对孩子都有很大的压力，自然就会产生恶性循环。

以"认可、赞赏、关爱、培养"的心态接受孩子最自然的状态，对孩子的一切都要以感动、感谢的心态，用最纯朴的语言和行动传达给孩子，这样就不会出现负面的情绪，也不会产生恶性循环。

☆试着抱紧孩子，反复说"我爱你"。

认可并感动于孩子的点滴成长

　　为什么会有像上述案例中的母亲那样，认为自己的孩子没有任何值得赞赏的地方，非常讨厌孩子的父母呢？那是因为父母看待孩子的想法发生了扭曲。

　　让我们来回忆一下孩子刚出生时的情景吧。那时的父母仅仅因为孩子出生这件事，就感觉到无限喜悦，觉得孩子是任何东西都不能替代的宝贝。那时没有任何标准，仅仅看到孩子的存在就会产生那样的想法。

　　那么，让我们现在再重新回到那个原点。

　　回到原点一看，就会突然发现，眼前的这个孩子是那么的出色，令人不自觉间满溢着感动。这时我们会发现，在孩子的每个行动中都可以明显感觉到成长。那么，请把这种感慨成长的感动以单纯的语言或者态度传达给孩子。

　　请告诉孩子："这样的事你都可以做得到，××，你是最出色的！妈妈真的非常佩服你。"然后紧紧地拥抱孩子。

　　哪怕最初只是谎话，只是从形式开始着手也没问题。

　　哪怕仅仅是语言或者行动，以这样的态度对待孩子，心灵也会不自觉地靠近这种语言和行动，自然而然地涌出对孩子的爱，其直接结果就是可以使孩子的心灵转变。

　　☆把对孩子成长的感动用语言传达给孩子。

向孩子传达爱的"8秒钟拥抱法"

在"七田式教育"中，提高孩子的学习效果并非是主要目标，最重要的是培养孩子的心灵。

那么，孩子的心灵需要怎样培养才能健康成长呢？这就要依赖"亲子一体感"。母亲与孩子的心灵达到充分沟通比什么都重要。

因此，必须把母亲的爱很好地传达给孩子，而最好的传达方式是肌肤接触。如果你觉得育儿非常困难，那么原因是没能把自己的爱很好地传达给孩子。在本书第1章也曾叙述过，紧紧地拥抱孩子并在孩子的耳边轻轻耳语对孩子的爱，那样母爱会立刻传递到孩子的心里。通过这样的沟通，会产生母亲与孩子的一体感。

在育儿过程中，如果感觉存在问题，就是孩子在渴求父母的爱。这时，请试一下"8秒钟拥抱法"。

所谓"8秒钟拥抱法"就是紧紧拥抱孩子8秒钟，在孩子耳边耳语"妈妈很爱你，你是妈妈的宝贝"。这时，母亲的爱会迅速得到传递，孩子心中萌生的"父母不爱我"这种不满会立刻消除，育儿中所碰到的问题也会立刻得到解决。

值得一提的是，"8 秒钟拥抱法"需要注意使用的时机。当孩子哭泣或孩子任性令父母为难时，即孩子处于负面状态时，不能使用此方法。否则，孩子就会认为"只要我哭泣就会被拥抱"或"撒娇就会被拥抱"，从此以后，孩子会使用此方法操纵父母以实现自己的要求。

"8 秒钟拥抱法"适用于孩子停止哭泣或克制情绪时，也就是处于"好孩子"状态的时候。另外，哪怕是需要孩子帮忙做一点小事，当孩子帮忙完成后应该使用此方法，它对孩子的行为会产生很大的影响。孩子会变得愿意向母亲打开心扉，愿意听母亲的话。

☆通过 8 秒钟的拥抱培养"亲子一体感"。

生第二个孩子时，要充分考虑老大的心理

很多人在育儿过程中遇到这样的情形——本来很乖的孩子忽然变得像婴儿似的很难教育。

经调查，其中大多数是因为家庭中又增添了一个弟弟或妹妹，这让他们感觉到一直以来自己独享的父母之爱突然被弟弟或妹妹抢走了。孩子会下意识地觉得，如果自己也是婴儿的话就会重新夺回父母的爱，所以才会变得像婴儿似的。

这时，父母必须观察孩子的情绪变化，想好应对方法。否则，好不容易培养得很好的孩子会突然变得难以管教，亲子之间的距离也会逐渐变得疏远。

为人父母，不能让大孩子感觉到自己被遗忘，特别是在给弟弟或妹妹喂奶、换尿布的时候，更不能表现出眼中只有小婴儿，其他什么都不在意的样子。

这时，首先要让大孩子知道父母的心里有他（她），然后再来照顾小婴儿。例如，对大孩子说："在你还是婴儿时，如果你哭了我也会给你换尿布、给你喂奶。现在，你来看看怎么换尿布吧。"

通过这种方式，可以让大孩子觉得"妈妈是首先想着我的"，因而自尊心不会受到伤害，也不会嫉妒，反而会热情地关注母亲照顾弟弟或妹妹。

另外，母亲可以拜托大孩子照顾弟弟或妹妹，让大孩子感觉到母亲非常尊重自己，而且有些事情要依赖自己，让他（她）体会到大孩子特有的骄傲感。这样，他（她）就会帮助母亲照顾弟弟或妹妹，会关注他们的成长。

对于刚出生的婴儿，需要花大量的时间来照顾。但是，如果父母完全以小婴儿为中心的话，会令大孩子产生嫉妒心和竞争心理，不容易培养出牢固的手足之情。反之，如果在育儿过程中充分尊重和肯定大孩子，他（她）就会对弟弟妹妹非常亲切，而且能培养出很好的手足之情。

☆在照顾小婴儿之前，要充分考虑大孩子的心理状况。

向孩子表达歉意的"5分钟暗示法"

在生下第二个或第三个孩子后，除了在尊重大孩子的基础上培养和照顾其他孩子外，也可以采用"5分钟暗示法"。

"5分钟暗示法"指的是当孩子睡着后，母亲一边抚摸孩子一边在孩子耳边传达爱的方法。在大孩子睡着后，母亲可以说："妈妈很爱你啊，最近忙着照顾小弟弟都没能好好陪你，对不起啊。"向孩子道歉，并向孩子传达父母并未忘记他（她），以及父母对他（她）深深的爱。

这种方法可以在孩子无意识的状态下进行，主要是要向孩子的内心传达父母的爱。

此时，最重要的是首先向孩子表达歉意，如"没能好好陪你，对不起"。

下面我们来看一个实例。

有一个家庭，父母自从生了一个小妹妹之后，大孩子不知是因为吃醋还是别的原因，经常殴打或伤害妹妹，总之，就是要让妹妹哭。在妹妹出生半年后，这种吃醋心理稍微有所减轻，但抢夺妹妹的断乳食品、不让妹妹喝奶、毫无理由地欺负妹妹等类似情况却仍很频繁。

那个母亲已经使用了"5 分钟暗示法"，但无论如何就是没有效果，所以再次找到七田真教室寻求帮助。七田真教室的工作人员再次教授她"5 分钟暗示法"的具体实施方法，并仔细分析之前实施"5 分钟暗示法"失败的原因。通过询问才得知，漏洞竟然在于母亲没有向孩子"道歉"。

回家后，这个母亲在给大孩子耳语时，首次加入了表达歉意的话，把"对不起，母亲很爱你""妹妹也很爱你"等一起传达给这个孩子。

次日早晨，这个孩子醒来后环顾四周，竟然温柔地叫道："看到妹妹了吗？"

自此之后，这个孩子像变了一个人似的，别说是殴打妹妹了，甚至连干扰都没有了。不仅如此，当妹妹不在家时他还感觉非常寂寞呢。

当然，即使是对独生子女，"5 分钟暗示法"也是很

有效的。

通过在孩子无意识的状态下向孩子的内心传达父母的爱，不听话的孩子也会变得非常听话；在幼儿园里无法和朋友一起玩耍的腼腆孩子也会敞开心扉，成长为愿意和朋友一起玩耍的孩子。

☆利用"5分钟暗示法"，首先向大孩子致歉。

每天 5 次赞扬孩子

父母在育儿过程中，总是不知不觉地只注意到孩子的缺点，而忽略了孩子的优点。

在七田真教室中有这样的题目：要求上课的母亲们写下孩子的 10 个缺点。母亲们不到 2 分钟就都写完了，但当被要求写出孩子的 10 个优点时，却无论如何都写不出来。甚至有的母亲竟然说出"我的孩子好像没有什么优点啊"此类的话。

总之，现在的母亲们大都是善于训斥、拙于赞扬。

在育儿过程中，不要只盯着缺点训斥孩子，应该看到优点并赞扬孩子。

我的意思并非是放任缺点的存在而不去改正，其实缺点和优点正如硬币的正反两面，在针对优点实施赞扬式育儿方法时，不知不觉地会发现缺点已经慢慢消失了。

"不沉稳"的反面就是"沉稳"。如果父母总是从嘴边冒出"为什么就不沉稳一点呢？以后要沉稳一些"的话，

孩子会慢慢地变得更加不沉稳，总是令父母担心。

如果我们能对孩子说"你办事很沉稳啊，非常好"，有一天你会突然发现孩子变得正如父母所期望的那样，成为一个沉稳的好孩子。

在一定程度上，父母的话可以对孩子起到暗示作用。父母一定要明白，他们的语言对孩子来说是一种暗示，孩子会把这些暗示转化到自己的性格和行动中。

所以，与抓住孩子的缺点批评教育的方式相比，列举孩子的优点并进行表扬教育的方式更为科学。

七田教室还给母亲们布置了这样的作业：要求母亲们发现孩子的优点，每天至少表扬孩子5次。当场要求母亲们写出自己孩子的5个优点，然后按照顺序当面夸奖孩子。

这样一来，孩子知道母亲表扬自己，就会逐渐向着被表扬的方向发展。

在育儿过程中，最重要的并非是教育孩子如何成长、如何培养能力，而是充分传达父母的爱、认可和赞赏，并培养孩子。

是否还有很多父母困惑于"不知道该怎样爱孩子才好，

而且从心底里无法认可孩子"呢？

　　实际上，这些想法就算父母不说出口，孩子也能感受得到，这就是育儿过程中的困难所在。如果充分传达了父母的爱，孩子一定会改变。

　　也许有很多人认为这个道理自己也懂，但即使心里明白，具体应该如何表达还是一个问题。

　　孩子能否欣然接受父亲或母亲的话？不管遇到任何事，孩子是否都能积极主动地亲力亲为？父母是否能切身感觉到与孩子的心灵相通？

　　如果对这些问题不能全部回答"Yes"，那就很可能是仍未把自己的爱充分传达给孩子。不要觉得育儿非常困难，其实要想解决这种困难，只需要从改变自己的看法和对待孩子的方式入手。

　　改变孩子的关键不在于孩子而在于父母。如果父母改变了，孩子自然会随之改变。

　　☆多赞扬孩子的优点是正确的育儿方式。

家长要先会听，孩子才会愿意说

孩子不会因为父母的命令就开启自己的心灵。如果能听听孩子说不出口的心声，就会慢慢地打开孩子的心扉。

在横滨的一所小学里，有一位叫金田的教导主任，他非常老练。当其他老师想尽各种办法也无法说服孩子时，只要金田老师一现身，问题立刻得到解决，所以金田老师被称为"金田魔法"。

有一天，一个智障孩子在教室入口处不肯脱鞋进教室，他非常顽固，无论其他老师怎么劝，他都不肯挪动半步。但金田老师到来后，只是三言两语，那个孩子就听话地脱鞋进教室了。

这是因为其他老师都是以命令的语气说："在干什么？已经开始上课了，快进教室。"而金田老师首先会观察孩子到底为什么不愿进教室，询问孩子心里到底怎么想的。

"怎么啦？外面有什么有趣的东西吗？"

结果，那个孩子是因为看到燕子妈妈在给小燕子喂虫而看得出神。而且，他应该很想把自己的所见所闻告诉老师吧！听到金田老师询问，孩子就说了这一切。在金田老师耐心地听完之后，孩子觉得很满足，所以就愿意进教室了。

还有一次，一个班级分为对立的两派，互相责备、争执不休，虽然已经开始上课了，但都不进教室。

金田老师被叫过去后，首先让两派的孩子分别说说自己的理由，然后对他们说："好的，我听明白了。这边的主张是这样，而那边的主张是那样。其中有互相都能认同的主张，对于需要认输的地方就互相认输，这样问题就解决了。怎么样，同意吗？"通过这样说服孩子，让他们能够认同对方观点，并甘愿在某些方面妥协认输。不到5分钟，事情就解决了。这就是"金田魔法"的由来。

孩子在学校或者家里无法充分表达自己的想法，只是单方面地听，在很多情况下心里会有很多不满。孩子会觉得自己没有做任何错事，但自己说的话就是没有任何人愿意听，进而无法打开心扉，而逐渐成长为性格消极的孩子。

通常在孩子想告诉父母什么事情的时候，父母们总是

会说：“我现在很忙，一会儿再说。”但即使再忙，在能够抽出时间的时候，还是要问一下孩子："我现在有时间了，有什么事吗？"

此时要注意的是，不要让孩子等太久，否则就会等到"没事了"这个回答。孩子想对父母诉说或传达什么时，即使正在工作，也应该抽出一点时间问问他们想说什么。要珍惜孩子倾诉的话，与孩子感同身受。

☆多听听孩子想说的话，孩子就会接受父母。

倾听孩子心声的 "回声法"

在听孩子说话的方式和方法上，"回声法"非常有效。

"回声法"是指当听到孩子的话时，父母照搬一遍，然后再添加一个问题的方法。

例如，孩子告诉母亲："妈妈，今天我被老师训了。"在这样的情况下，很多母亲会不自觉地先回答："是不是因为你做错了什么事？"其实这样的回答不利于孩子的成长。让我们看看采用"回声法"是怎么回答的。

"是吗？今天被老师训斥了呀。"母亲像回声似的先答应着，然后添加一个问题："为什么被训斥了呢？"

对所添加的问题，孩子回答道："我打了××。"听到这里，绝对不能直接说："那是你不对，被训斥也是理所当然的。"

这时，按照"回声法"原则，母亲应该回答说："是吗？你打了××啊？为什么打他呢？"

通过这样的对话，孩子就能学会如何顺畅地将自己的

心情传达给父母，这样就形成了亲子之间的对话。无须训斥孩子也可以让孩子理解，也可以知道孩子的心情，这是顺畅地倾听孩子心声的技巧。

通过"回声法"，试着与自己的孩子进行对话，话少的孩子也会变得善于沟通，父母也能更加容易理解孩子的心情。

☆在接受孩子心情的同时，开启他们的心灵。

通过语言的传递实现心灵的传递

为了培养孩子的心灵，可以尝试与孩子进行如下形式的语言传递。

"××，心胸宽广比较好，还是心胸狭窄比较好？"

"心胸宽广比较好。"

"是的，心胸宽广比较好。那么，只考虑自己的人和能够考虑到他人的人，哪一个是心胸宽广的人呢？"

"能够考虑到他人的人心胸宽广。"

"是的。那么，只考虑自己的人是心胸宽广的人，还是心胸狭窄的人呢？"

"我认为是心胸狭窄的人。"

"是啊，那么，××，心灵美比较好，还是心灵肮脏比较好？"

"心灵美比较好。"

"那么，欺负他人、心术不正的人心灵美吗？""不美。"

"是啊，不美，心灵很肮脏呢。你认为怎样做心灵才会美呢？你认为如果让他人伤心的话，心灵会变美吗？你认为做令他人伤心的事情好，还是做令他人愉快的事情好呢？"

"我认为做令他人愉快的事情好。"

通过这样"投球接球式"的语言传递，让孩子学会通过让自己的心灵变美来磨炼自己的心智。

请问问孩子，人是为了什么才来到这个世界上的，然后告诉他答案：人是为了磨炼自己的心智才诞生到这个世界上的。

父母要告诉孩子，助人为乐在磨炼心智方面发挥着重要的作用。

☆尝试告诉孩子每个人来到这个世界上的意义。

第5章

右脑教育偏重情商教育

很遗憾，当今的育儿方法摧毁了孩子们的理想和志向。

育儿其实就是帮助孩子"打造理想的原型"，磨炼孩子们的心灵、心智，培养利他心、培养远大志向，这便是心灵教育。

当我们确确实实地教给孩子为他人竭尽全力时，他们都具备了成为领导者的潜质。

由填鸭式教育转变为培养自学能力的教育

当今世界上存在两种教育模式。一种是日本正在实行的 IQ 型填鸭式教育；另一种是摒弃传统的填鸭式方法而教授学习方法，注重培养自学能力的教育，如芬兰就是实施这种教育方式的国家。

在近几年国际学生评估项目中，芬兰是名次较高的国家。在芬兰，学校教育的科目中选修科目非常多，孩子还在学校的时候，就能充分掌握未来生活的智慧，为进入社会提前做好准备。与此相反，以日本为代表的重视知识的国家，反而被认为教育能效低下。

大约从 1995 年开始，世界各国的教育目标都发生了很大改变。各国不断反思，很多国家认为以往的教育目标过分注重获取固有知识，在很大程度上扼杀了学生们的创造性、批判性思考能力等知识以外的其他重要能力的培养。

经过反思，教育逐渐朝着以"发明新知识，在现有知识基础上培养深思、比较、判断、假定的能力"为重点的授课内容转变。简而言之，就是通过自己的头脑进行思考、判断后找到答案的学习方法，那正是从芬兰引进的教育模式。

但是，目前日本仍实行填鸭式教育，教育水平相比教育发达国家还不高。如果不改变这一教育模式，日后必将落后于其他国家。

很多国家都将芬兰作为学习的目标，从芬兰引进五个方面的教育内容，包括想象力、逻辑推理能力、表现能力、批判性思考能力和沟通能力。日本人在知识获取方面的表现不输于其他国家的人，但在这五个方面还处于劣势。

总之，在日本目前的教育模式下，无法很好地培养孩子的个性、思考能力、想象力、逻辑表现能力，以及能承受住批判的思考能力和沟通能力。

一直以来，日本教育的特点始终表现在，不去发掘孩子的个性和人性，片面强调合作性。这种教育无疑扼杀了个性追求，力求与他人保持相同观点，即培养出没有自己主张、没有指导手册什么都做不了的人。

在被称为百年不遇的经济萧条时期，即便能和别人一

样进入公司，也不能保证一生安泰。未来是从依存于公司转向个人自立的时代，是"个体"确立的时代。

今后的教育重点是要培养孩子对自己有信心，可以独立思考问题，有自己的主张，并努力成为有实力的专家。为此，我们要从孩提时代就开始培养孩子的个性，确立孩子的"个体性"。

☆培养可以独立思考的孩子。

公共教育过于偏重左脑教育

目前的公共教育缺乏培养情商的右脑教育，而偏重于左脑教育。

我认为，左脑教育是侧重于教授给孩子知识、强加给孩子追求考高分价值观的教育模式，也被认为是以理性为中心，而忽视情商的教育。

那么，情商教育究竟是一种什么样的教育呢？

情商由对自己的爱和对他人的爱共同构成，是人际关系的基础，它首先从获得父母的爱中萌发并不断发展。能获得父母充分关爱的孩子，也可以萌生出对他人的爱；而缺乏来自父母关爱的孩子，心里无法产生对别人的爱，人性会发生扭曲，今后会成长为缺乏感性、人格不健全的人。

在注重效率和成果的公共教育中实施以理性为中心的教育，会让孩子养成重视分数的价值观，这会使孩子欠缺对他人的体谅之心。因此，如果孩子对学校、老师和朋友感觉不到爱，会不想去学校，朋友之间也会出现令人担心

的欺侮行为。

只有摈弃注重分数的价值观，才能理解真正的右脑教育。仅仅局限于现行的左脑教育，孩子们会逐渐形成强调自我的倾向，会慢慢远离爱的教育，无法体会与他人相互关爱的一体感。

虽然右脑教育与目前追求经济活动的主要社会趋向有所偏离，但我们还是希望在公共教育中加入右脑教育，培养孩子对朋友的体谅之心，培养孩子作为人的基本素养。教育的基础是爱。如果能通过公共教育使孩子改变，则社会也将随之改变。

而在人与人的交往中，最基础的就是爱。这需要感性的作用，仅仅注重理性的教育会产生情商低下。

任何人都有强烈追求"自由、爱和幸福"的心理，与此同时，他人也在强烈追求"自由、爱和幸福"。感觉不到他人有这一追求的人，是缺乏想象力的，其感性能力也有所不足。因此，培养能感受到他人想法的情商教育非常重要。

☆以爱为基础的教育很重要。

右脑和左脑有各自不同的作用

下面我们来详细讲述一下右脑与左脑的相关知识。

人类的大脑分为右脑和左脑。一直以来，人们都认为右脑与左脑发挥着同样的作用。直到 1981 年，加利福尼亚理工学院的罗杰·沃尔科特·斯佩里（RogerWolcottSperry）教授因在右脑与左脑方面的研究获得诺贝尔奖，人们才渐渐地认识到右脑与左脑的不同。

根据斯佩里的研究可知，右脑与左脑各有其固有的思考模式。研究发现，左右脑的不同之处在于：左脑侧重语言性思考，右脑侧重视觉性思考。简而言之，左脑是语言脑，右脑是图像脑。

另外，我们知道左脑是理性脑，右脑是感性脑。理性脑也就意味着左脑可以由下意识去控制，而感性脑则由潜意识控制。

因此，我们通常把左脑作为主要的工作脑，却很少使用右脑。事实上，左右脑的构造、功能完全不同，正如右

脑与左脑的思考形态完全不同，左右脑在记忆形态方面也是不一样的。

左脑的记忆形态通过语言可以实现理性、逻辑性记忆，与之不同，右脑是以图像的形式实现感性记忆。

我们通常都是在运用左脑实现语言性记忆。而正因其是语言性的逻辑性记忆，所以这些记忆往往很容易被我们忘记。可是，右脑记忆就像是把大量的情景拍摄到一张照片上一样，图像记忆是非常有效的记忆模式。

之前，右脑的这一作用几乎不为人知，所以公共教育还没有把右脑教育纳入教学体系中。

在一般情况下，我们很自然地会使用左脑。如果要想使用右脑，我们需要通过冥想、呼吸，变换脑波进入到潜意识（与普通意识稍有不同）状态。我们通常使用的意识都是逻辑性的，即按照道理来思考的意识；一旦进入潜意识状态，也就是进入右脑的意识状态，就能使用右脑了，可以通过本能或是直觉性的灵光一闪获得答案。

在一定程度上说，左脑是以自我为中心的脑，而片面强调自己会导致竞争对立。但右脑却在心情平和状态下，兼顾爱与一体感。当孩子之间发生争抢时，只要从左脑转变为右脑，"硝烟"就会平息。如上所述，正因为左右脑之间有着如此大的区别，所以近代有人称左脑为利己脑，称右脑为利他脑。

左脑是以理性为中心的脑，在其发挥重要作用时不会出现什么差错，但总是容易忽略如何与人相处，很容易陷入强烈的竞争意识中。而右脑是感性脑，能够做到体谅他人，容易与他人感同身受。

正是由于人们知道左右脑的作用与区别，近年来重视右脑教育的呼声日益高涨。

当人类处于左脑意识状态时，多巴胺、肾上腺素等兴奋型神经传导物质和荷尔蒙开始发生作用；而当人类处于右脑意识状态时，血清素、褪黑激素等抑制型神经传导物质和荷尔蒙会开始起作用。

正因为左右脑各自的作用不同，所以我们无法说左脑好还是右脑好，重要的是努力实现左右脑的和谐。总而言之，两者的平衡非常重要。

但一直以来的学校教育仅仅重视左脑教育，完全无视

右脑的感性教育。

仅仅注重左脑教育很容易引起对立，使得因缺乏爱而导致的不良事件频频发生，如完全不顾忌他人，欺负他人等。

对教育工作者来说，应该同时注重培养感性右脑与理性左脑，实现平衡式教育。

开发右脑需要进行想象训练，充分引导爱的传达，使实施主体获得一体感。

想象训练可通过冥想、深呼吸、想象这些步骤展开。通过想象训练能使隐藏于右脑的才能开花结果，同时，温和待人、利他等人格魅力也能得到最大限度的升华。

所以，我们要竭力呼吁进行右脑教育的重要性。

☆感性型的右脑是竞争型左脑的补充。

过于偏重理性的左脑教育会破坏孩子的人格

　　过于偏重以理性为中心的左脑教育会破坏孩子的人格。因为，单纯实施左脑教育会很容易陷入仅仅依靠应试知识和成绩来"分类""区别"（优劣）的教育模式中。

　　"分类"和"区别"被称为"二战"后教育中的两大恶习。虽说右脑教育里也有类似这两个恶习的内容，但总的来说，右脑教育是培养心灵的关爱教育，而且，右脑教育也使原本存在于人类右脑中的巨大能力得以发挥。

　　右脑教育虽然并非以能力为中心，但却可以产生出比以能力为中心的左脑教育更加出色的成果。

　　就人类的大脑作用而言，0～6 岁是右脑优势，而从 6 岁开始就会转变为左脑优势。左脑是理性脑、逻辑脑，所以 6 岁后的学校教育都在进一步推动左脑能力的开发。但即便是左脑能得到极大开发，也要重视与之相伴的右脑的感性发育。

　　需要注意的是，在育儿过程中，并非仅仅在 6 岁之前进行关爱教育和感性教育就万事大吉了，在 6 岁之后的公共教育中，也需要纳入以关爱教育为基础的右脑教育。

　　虽说从 6 岁开始，人类的大脑就会转换为左脑优势模式，但如果接受了诸如"冥想""深呼吸""想象训练"等右脑开发训练，也可以把左脑工作状态切换为右脑工作状态。

　　通过想象训练等可以充分调动右脑的能力，在公共教育中也可以使才能得到开发，使性格得到很好的培养。

　　即使是进入学校，让孩子使用右脑，使左右脑平衡发育也非常重要。开发孩子能力的目的何在？自然是将孩子未来发展的无限可能性最大化，而这必须通过关爱才能实现。促进右脑开发，保持左右脑平衡发展，能够令每个孩子的无限可能性得到最大程度的开发，这就是"七田式右脑关爱教育"。

　　通常提到右脑教育，很多人可能会认为它是单纯偏重右脑的教育，其实并非如此。事实上，右脑教育是以右脑工作为基础，联系左脑，使左右脑能同步发挥作用。

☆右脑与左脑的平衡非常重要。

通过右脑教育引导出潜在能力

在孩子 6 岁开始上学的时候，大脑通常以左脑为主发挥作用，大脑的构造转变为偏重于理性、逻辑的思考。因此，左脑的作用非常引人注目，实施左脑教育也是理所当然之事。

而右脑是在 0 ~ 6 岁的时期发挥作用，进入学校之后基本不会再被注意到，因此大家都不怎么了解右脑的学习方法。

人们都认为使用左脑是理所当然的，右脑的作用甚至连科学家都不是很清楚，大家普遍认为仅左脑发挥作用足矣。可是，一旦了解右脑作用之后，大家都会进行深深的反思。

因此，研究大脑作用领域的科学家讲述了下述观点：

一直以来，教育都是以教授知识为主要目标，对开发孩子自身的智能没有任何作用。今后我们要推动脑部革命，引导出孩子自身存在的潜能，这才是教育的主要目标。

　　——盖洛普舆论研究所　盖洛普所长

　　大脑分为左右两个半球，但一直以来的学校教育都主要针对左半球（左脑）进行教育，还有一半未开发。这就使得原本能够达到很高水平，具有无限可能性的人类大脑无法得到充分开发，这和没去上学别无两样。

　　——加利福尼亚理工学院　J.E. 鲍根博士

　　在此要提醒大家注意的是，迄今为止，大脑右半球的功能几乎被我们忽略了。在现代文明中，几乎全部领域都依赖大脑左半球。也就是说，我们的世界观、教育体系、价值体系基本都以强调大脑左半球的作用——语言性思考为焦点。而一直发挥着基础性贡献的大脑右半球，却一直被认为是原始的东西而被我们所忽视。

　　——《天才们都曾厌恶学校》　托马斯·G. 韦斯特

　　如上所述，研究大脑开发领域的科学家都达成了这一

共识——今后的教育不能单纯注重开发左脑，更要注重右脑的开发教育。

☆通过右脑教育引导出潜在能力，这相当重要。

"冥想训练"是让潜力自然出现的好方法

下面我们举一些日本或其他国家的初高中学校引进冥想、深呼吸之后，孩子们完全改变"面貌"的例子。

◎华盛顿弗莱彻－约翰逊（Fletcher-Johnson）公立中学

位于美国首都华盛顿东南地区的弗莱彻－约翰逊公立中学处在犯罪多发地区，过去非常混乱。自 20 世纪 90 年代初卢瑟福（Rutherford）校长引进著名的 TM 冥想以来，经过一日两次的冥想，孩子们的精神压力得到缓解，犯罪和暴力事件也大幅度减少。要知道，在此之前孩子们经常被卷入犯罪事件。

◎南非共和国佩金朗哥高中

南非共和国的佩金朗哥高中在引进冥想之前，状况也非常糟糕。该高中的教育水平很低，考试合格率平均为

40%，逃课率达 20%，教师完全无法管理学生。

但是，引进冥想方式一个月后，状况发生了很大的变化。学生成绩得到全面提升，很多学生的考试成绩甚至翻倍，学生的药物使用量和酒精摄取量也显著减少。教师与学生之间的配合关系得到很大提高。据报道，引进冥想后不到半年，学校整体的考试合格率提高了 27%。

◎日本山梨县某高中

山梨县某高中自 2001 年 4 月开始引进每天早晨的冥想训练，不到一个月，在 5 月份举行的县高等学校综合体育大会中，就取得了有史以来最好的成绩，在全县 43 所高中学校中位列第三。

接着，在 6 月举行的全国高中运动会预选赛中，该高中又取得了剑道团体优胜，并在柔道七个段位中称霸四个段位，取得了获得全国高中运动会参赛权的佳绩。7 月，该校棒球队在参战县棒球大会的冠亚军争夺战中获得决定性胜利，成功取得进入甲子园的比赛权。

该高中引进的冥想训练内容包括：每天早晨在大教室

里进行短时间的冥想（通过校内广播播放 CD）；每周在
大教室里进行长时间的右脑感觉训练和记忆训练等。通过
这些训练，首先，学生们的操行渐渐变得良好，问题行为
大大减少；其次，由于加强了集中力，学生们的学习成绩
和运动成绩都有所提高。学生们的右脑得到开发，潜在能
力得到了充分的发挥。

　　以上例子都是左右脑平衡教育取得的出色成果。

　　☆充分利用冥想，学校教育也会从右脑教育中获益。

摒弃"考前补习班"

《不需要升学补习班》（水岛醉著）一书讲述了当前升学补习班的状况。作者是一个非常了解升学补习班状态的老师，具有 17 年的实际教学经验。此书主要是想告诉家长一定要了解升学补习班的真实情况。

该书写道："在进入升学补习班的孩子中，90% 都会受到补习班的恶劣影响，它会使孩子丧失思考能力，摧毁了发挥个性的可能性。孩子从头脑到心灵都是干涩的，很多孩子甚至由此患上了精神方面的疾病，这就是升学补习班的实际情况。"

大多数父母都认为，送孩子去上升学补习班，就能使他们取得好成绩。而成绩提高了，孩子必定会有一个好的未来。然而实际情况如何呢？

之前的助长欲望式教育观普遍认为，补习班式的教育可以提高孩子的成绩，让孩子在考试中取胜，进而有利于今后的就业，并获得金钱方面的成功和好的名声。

　　在当前这种强烈追求物质欲望的社会中，教育也成为助长欲望的一种工具。目前日本社会充满了这种以自我为中心的欲望，并且这种欲望在不断攀升。我们难道想要通过教育来教授孩子这种以自我为中心的理念吗？这是否合适呢？这些问题都值得我们深思。我认为真正的教育应该要让孩子明白：社会上充满爱，所有的人都可以丰富多彩地生活。

　　仔细分析日本教育的方向，我们可以看出，由于无法超越"分类""区别"这一固定模式，所谓的专家似乎已经放弃了继续探索。而且，当前的教育仍旧停留在肤浅的表面，在形式上似乎平等，但其实从教育成果来看并不平等。这就需要改变如今的教育模式，使孩子自身的才能得到最大程度的发挥，最终超越"分类""区别"的教育模式，创造充满爱的社会。

　　总之，把孩子送进升学补习班并非万事大吉。家庭和学校都应该培养孩子自己思考、自己学习的良好习惯。

　　☆教育是让世界充满爱的一项工作。

领导者首先是伟大的奉献者

当今世界需要的是手握未来钥匙的创造型领导者，因为优秀的领导者能使社会在各个方面不断进行变革。

"只有伟人才能成为领导者，普通人是没有办法做到的"，这种想法是错误的。

当人们聚到一起想要做点什么的时候，谁能够很自然地指挥大家为达成共同目的而行动，并指明前进的方向，谁就自然而然地成为领导者。这是成为领导者的自然条件。

人们都会乐意追随愿意为他人考虑的人，或为了他人的利益竭尽全力、愿意奉献的人。领导者是伟大的奉献者。

为了能把孩子培养成未来的领导者，父母经常会陷入误区，想让自己的孩子在智力方面超越其他孩子，但事实上，比此更重要的是培养有德行、有体谅之心的孩子。比起智力培养，更重要的是培养孩子的人际协调能力，使孩子善于建立朋友关系，能自然地成为大家的中心，具有组织大家的能力。

　　人的成功与否在于人际关系是否良好。人并非在孤独地生活，人与人之间有着密切的联系。如果不让孩子学会作为人该如何生活，孩子的心胸就无法变得开阔；而无法以开阔的视野看待外界，就不会意识到要有益于他人。如此一来，孩子就会拙于与他人建立良好的人际关系，从而变成被社会抛弃的人。

　　发展纯良的人性是关键所在。虽然人人都讨厌来自外部力量的强制作用，但如果只会拒绝对方的待人接物方式，则无法建立良好的人际关系。这就需要感性教育，我们要教育孩子站在对方的立场上考虑问题，理解对方的想法。人与人之间交往的基础是爱。

　　正如前文所述，从本质上看，人类追求的其实是"自由、爱和幸福"，而在我们自己追求的同时，他人也同样在追求。在当今的社会，很多人都无法意识到这一点，这就是所谓的感性缺乏症，我们要努力克服。

　　☆人与人交往的基础是爱。

成为领导者的 7 个必要条件

育儿是在培养接任我们的下一代人才。如果不给下一代留下出色的人才，国家就没有未来。

如果准备把国家的未来托付给孩子们，就需要父母拥有培养孩子的理想和志向，立誓将孩子培养成能够肩负国家未来的领导者的心态。父母若没有这样的心态，日本的教育就不会得到很好的发展。

那么，应该如何培养孩子，才能让他们具有肩负日本未来的领导才能呢？

这就需要老师和家长们了解成为领导者的7个必要条件：

一、相对于能力而言，更重视德行。

二、成为奉献型人才。

三、磨炼自己的心智。

四、具有出色的人际关系处理能力。

五、拥有明确的目标和激情。

六、具有把握全局的能力和优秀的综合能力。

七、拥有全球化视野。

其中无论哪一个条件都与周围环境有关，所以，一定要注意环顾自己的周围，重视与周围的关系。

上述第三项的"磨炼心智"是指磨炼心智的生活方式。终生坚持不断磨炼自己的心智就是我们所说的心智教育。

人类通过磨炼感性从而达到磨炼心智。因此，应先让孩子磨炼感性，进而让孩子学习如何磨炼心智。

对于孩子的教育，不能以填鸭式教育为主，应当教育孩子作为人应该如何生活。

以外，我认为应该教育孩子不断磨炼自己的人格，人生最重要的是立志提高自己的人格魅力，其与人际关系和领导才能都有着必然联系。

☆磨炼心智，端正自己的人生态度，致力于为社会服务。

学习为他人竭尽全力

试着让孩子们思考：人究竟是什么？为什么人要来到这个世界上？

当爱因斯坦被问及"你为何来到这个世界上"时，他的回答是"为了他人而生"。

"为了他人而生"是一种正确的生活态度。即使是牺牲自己，"为了他人而生"也是每个人应有的生活态度。学习这样生活态度的学问属于人类学范畴，而学习人类学并教授孩子磨炼心智的教育就是"情商教育"。

情商教育是教导人们磨炼自己，为他人竭尽全力，为他人而生的教育。在我看来，教育的根本就是情商教育。

学问可以被分为两种：一种是学习真正的学问和德慧的学问（扎根于德行的学问）。学习真正的学问并非只是为了就业或者出人头地，而是在非常困惑或走投无路时，不为自己担忧，心中犹如明镜，知晓祸福吉凶，不会感到困惑沮丧，从而可以获得精神或心理方面的安宁，把内在的东西发挥出来。学习为社会或为他人竭尽全力的学问才是真正的学问。

另外一种学问是普遍被大家所认知的学问，即知识和技术。但是这与真正的学问相比，只是细枝末节。一定要让孩子明白这一点。

当今社会最需要的是培养孩子在自己擅长的领域发挥自己的能力，为社会做贡献。那样，人们才会获得真正的幸福。

☆让孩子学习真正的学问，使他们对人生不再感到困惑。

后记 我们为什么要向中国家长介绍"七田真"

　　每一位父母都会在孩子身上寄予希望：希望他健康、希望他自信、希望他有一颗坚强且温柔的心、希望他有一个美好的将来……这些美好的希望，是父母之爱的自然反映。但希望是希望，终归需要科学的教育方法来引导、促成这些希望的实现。

　　在日本著名的企业家、教育家大前研一先生的指引下，我对教育产生了越来越浓厚的兴趣，最早我关注的是成人教育领域，但是很快我就发现，能对人产生最大影响的时期其实是婴幼儿时期，这个关键的时期，父母起着决定性的作用。

　　在进一步的研究中，我发现，在日本，早教市场占据首位的是"七田真"。

七田真先生的核心教育理念

1、右脑教育

　　七田真先生极其注重右脑教育，并被越来越多的人所认可。

为什么右脑教育如此重要？简而言之，因为现代社会自动化程度日益提高，很多左脑擅长的事情，电脑逐渐都能取代。而右脑的能力，共情力、创造力、整合力……却是目前的机器无法取代的。"全球最具影响力的 50 位商业思想家"之一丹尼尔·平克也曾预言，未来社会比较看重这六种思维能力——设计感、娱乐感、意义感、故事力、交响力、共情力。纵观这六种能力，都是右脑的长项。

☆可以说，右脑思维者更适应未来。

再来回顾一下七田真先生关于右脑的核心教育理念，他指出：

①传统教育侧重左脑教育，但未来更适合擅长右脑思维的人。孩子在 6 岁之前是右脑优势，我们需要在孩子 6 岁前给予更多的引导，实现左右脑均衡发展。

②早期教育越早越好，从胎儿期即开始，胎儿是人一生中心灵感应最强的时期。

③早教并非灌输知识，而是培养孩子的心性。

④情商教育更容易帮助一个人成才，右脑的开发，能

极大提升孩子的情商。

⑤教育的终极目标是培养独立思考和判断的能力。

2、爱、严格、信赖

七田真先生希望父母们"爱、严格、信赖"自己的孩子。

父母的爱与信赖是潜能被激发的基础，感受到父母的爱与信赖的孩子更快乐，潜能才会自然流出；而没有"严格"的爱只能是溺爱。

越来越多的中国家长选择七田真早教

一个早教品牌取得广泛的认同绝不是偶然的，七田真先生的教室在全球活跃了50多年，在13个国家和地区建立了557个教学中心，一代又一代的家长和孩子在"七田真教室"受益、成长，心灵得到了滋养，才能得到了觉醒。

而在中国，七田真国际教育也已经在北京、上海、广州、深圳、昆明拥有了12家直营中心，听听大家的感受，或许你就能明白为什么越来越多的中国家长会选择"七田真"：

"七田真的老师会理解孩子的全部，连我都觉得心里变得温柔舒服起来。"

"掌握了想象力、集中力、直感力后，在他喜欢的体育方面也非常有用。"

"坦率地说，家长每周也在成长。"

"孩子学会了持之以恒，并能够自主学习。"

……

我们为什么选择这6本书

选择总是艰难的。

七田真先生著作颇丰，在日本出版的有200余种，中国曾引进出版过的也已超过20种。在我们将所有的版权都逐一收回整合后，仔细甄别、精选了最能代表七田真先生思想和方法，并适用于中国家长和孩子的内容，最终确定了这套新的早教经典——"七田真早教经典系列"。

1.《七田真胎教法》：胎儿是人一生中心灵感应能力最强的时期。

2.《七田真：0~6岁右脑教育法》：右脑思维者掌控未来。

3.《七田真：爱与规则》：在爱的基础上，建立规则，孩子才能成才。

4.《七田真：培养优秀宝宝父母必上的7堂课》：父母这样做，孩子就有学习力、创造力、判断力、同情心，能够努力向上、能忍耐、能自我成长。

5.《七田真：情商教育法》：抓住情商培养的关键期，提升孩子对情绪的感知能力和掌控能力。

6.《培养右脑思维的33个亲子游戏》：在游戏中激发右脑的潜能。

日本近代文明启蒙人物冈仓天心曾提到，茶道是一种对"不完美"的崇拜，是在我们都明白不可能完美的生命中，为了成就某种可能的完美，所进行的温柔试探。

其实，教育也是如此。孩子的成长没有回头路可走，因此我们更愿意尽最大努力，把当今最好的教育理念推介给大家，帮助更多的家长，实现他们寄托在孩子身上的美好希望。

当然，因为受限于作者成书时脑科学的研究进展，难免有少量内容不符合最新发现，但七田真基于脑科学和心理学发展而提出的全脑开发和心灵教育理念仍会让当代父母受益匪浅。

希望我们的爱能持续照耀孩子们前行的路。

七田真国际教育 CEO

（马思延）

七田真早教经典系列

七田真胎教法
978-7-122-25905-9
定价：36.00 元

七田真：
0~6 岁右脑教育法
978-7-122-25763-5
定价：36.00 元

培养右脑思维的
33 个亲子游戏
978-7-122-25762-8
定价：36.00 元

七田真：
培养优秀宝宝父母
必上的 7 堂课
978-7-122-25811-3
定价：36.00 元

七田真：
情商教育法
978-7-122-25802-1
定价：36.00 元

七田真：
爱与规则
978-7-122-25803-8
定价：36.00 元

七田真国际教育公众号